H2O
°C
cm
JOURNAL DE BORD
CARNET DE BORD.

EXPÉDITIONS AU COEUR DE LA SCIENCE ET DE LA TECHNOLOGIE

HOMMAGE
DE
L'ÉDITEUR

Claudette **Gagné**
Christyne **Legault**
Grégoire **Picard**
Ghyslain **Samson**

EXPÉDITIONS AU CŒUR DE LA SCIENCE ET DE LA TECHNOLOGIE

AVENTURE

PRIMAIRE

Deuxième cycle

Livre B

Collection
sous la direction de
Régent Bouchard

Aventure

Primaire, 2e cycle
Livre B

auteurs
Claudette Gagné, Christyne Legault, Ghyslain Samson

conseiller technique
Grégoire Picard

Collection sous la direction de
Régent Bouchard

révision scientifique
Yvon Lapointe

révision linguistique
Colette Tanguay

conception graphique
LIDEC inc.

illustrations
Jacques Goldstyn, Jean Leclerc, Pierre Massé

Photo de la page couverture représentant le Monarque
René Limoges – Insectarium de Montréal

Dépôt légal
Bibliothèque nationale du Québec, 2001
Bibliothèque nationale du Canada, 2001

ISBN 2-7608-8052-4
Imprimé au Canada

Nous reconnaissons l'aide financière du gouvernement du Canada par l'entremise du Programme d'Aide au Développement de l'Industrie de l'Édition (PADIÉ) pour nos activités d'édition.

Canada

«Gouvernement du Québec – Programme de crédit d'impôt pour l'édition de livres – Gestion SODEC»

4350, avenue de l'Hôtel-de-Ville
Montréal (Québec) H2W 2H5
Téléphone: (514) 843-5991
Télécopieur: (514) 843-5252
Adresse Internet: http://www.lidec.qc.ca
Courriel: lidec@lidec.qc.ca

Remerciements

Nous tenons à remercier les personnes qui ont contribué d'une façon ou d'une autre à l'élaboration de cet ouvrage et, d'une façon toute particulière:

Julie Saint-Pierre, enseignante, école Fernand-Seguin, C. S. de Montréal;
Julie Bourassa, enseignante, école Sainte-Marie, Saint-Boniface, C. S. de l'Énergie;
Chantal Robitaille, enseignante, école Notre-Dame, Mont-Carmel, C. S. de l'Énergie;
Chantal Thiffault, enseignante, école Antoine-Hallé, Grand-Mère, C. S. de L'Énergie;
Martine Gagnon et Kathleen Fugère, enseignantes, école Laflèche, Grand-Mère, C. S. de l'Énergie;
Caroline St-Onge, enseignante, école Immaculée-Conception, Shawinigan, C. S. de l'Énergie;
Chantal Miller, enseignante, école Sainte-Marie, Grand-Mère, C. S. de l'Énergie;
Sylvia Bastien, enseignante, école Notre-Dame, Notre-Dame-de-Pontmain, C. S. Pierre-Neveu;
Stéphanie Leclerc, enseignante, école Saint-Gilles, Laval, C. S. de Laval.
Suzanne Boudreault, enseignante, École le Bois-Joli, C.S. de la Région-de-Sherbrooke
Michel Lemieux, enseignant, École Soleil-Levant, C.S. de la Région-de-Serbrooke
Sandra Thériault, enseignante, École Notre-Dame-des-Victoires, C.S. de Montréal
Hélène Bélanger, enseignante, École des Grandes-Marées, C.S. des Découvreurs
La Biosphère d'Environnement Canada à Montréal
Hydro-Québec
L'Insectarium de Montréal

Les auteurs

Avant-propos

Bienvenue dans l'aventure fascinante de la science et de la technologie!

Tu aimes la nature? Tu vas explorer le monde qui t'entoure. Tu vas expérimenter.

Ta curiosité t'amène-t-elle à te poser plein de questions? Tu vas échanger tes idées avec tes camarades. Tu vas apprendre tout en t'amusant.

Poly,
un drôle de petit personnage,
t'accompagnera tout au long
de ton aventure en science
et en technologie.

Bonnes découvertes!

Le directeur de la collection *Aventure*,
Régent Bouchard

Table des matières

Thème 2 J'expérimente

Thème 3 L'habitat humain

Annexes

Introduction

Domaines généraux de formation

Santé

Orientation

Environnement et consommation

Vivre-ensemble

Médias

Compétences transversales

Information

Résolution de problèmes

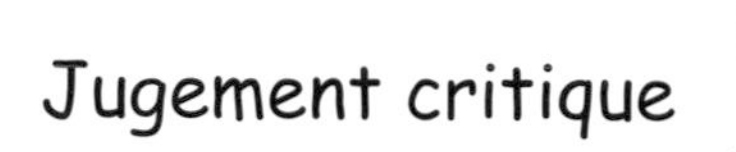

Jugement critique

Pensée créatrice

Méthodes de travail

Technologies de l'information
et de la communication

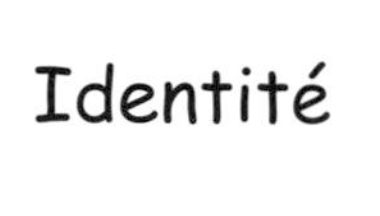

Identité

Coopération

Communication

Mes compétences en Science et technologie

Compétence 1

Proposer des explications ou des solutions à des problèmes d'ordre scientifique ou technologique.

Compétence 2

Mettre à profit les outils, objets et procédés de la science et de la technologie.

Compétence 3

Communiquer à l'aide des langages utilisés en science et en technologie.

Compétence 1

Proposer des explications ou des solutions à des problèmes d'ordre scientifique ou technologique.

J'identifie un problème.

Je recours à des stratégies d'exploration.

Composante 3

J'évalue ma démarche.

Si les résultats ne sont pas satisfaisants, je reviens à l'étape 2.

Compétence 2

Mettre à profit les outils, objets et procédés de la science et de la technologie.

Composante 1

Je m'approprie les rôles et fonctions des outils, techniques, instruments et procédés de la science et de la technologie.

Je relie divers outils, objets ou procédés technologiques à leurs contextes et à leurs usages.

Composante 3

J'évalue l'impact de divers outils, instruments ou procédés.

Compétence 3

Communiquer à l'aide des langages utilisés en science et en technologie.

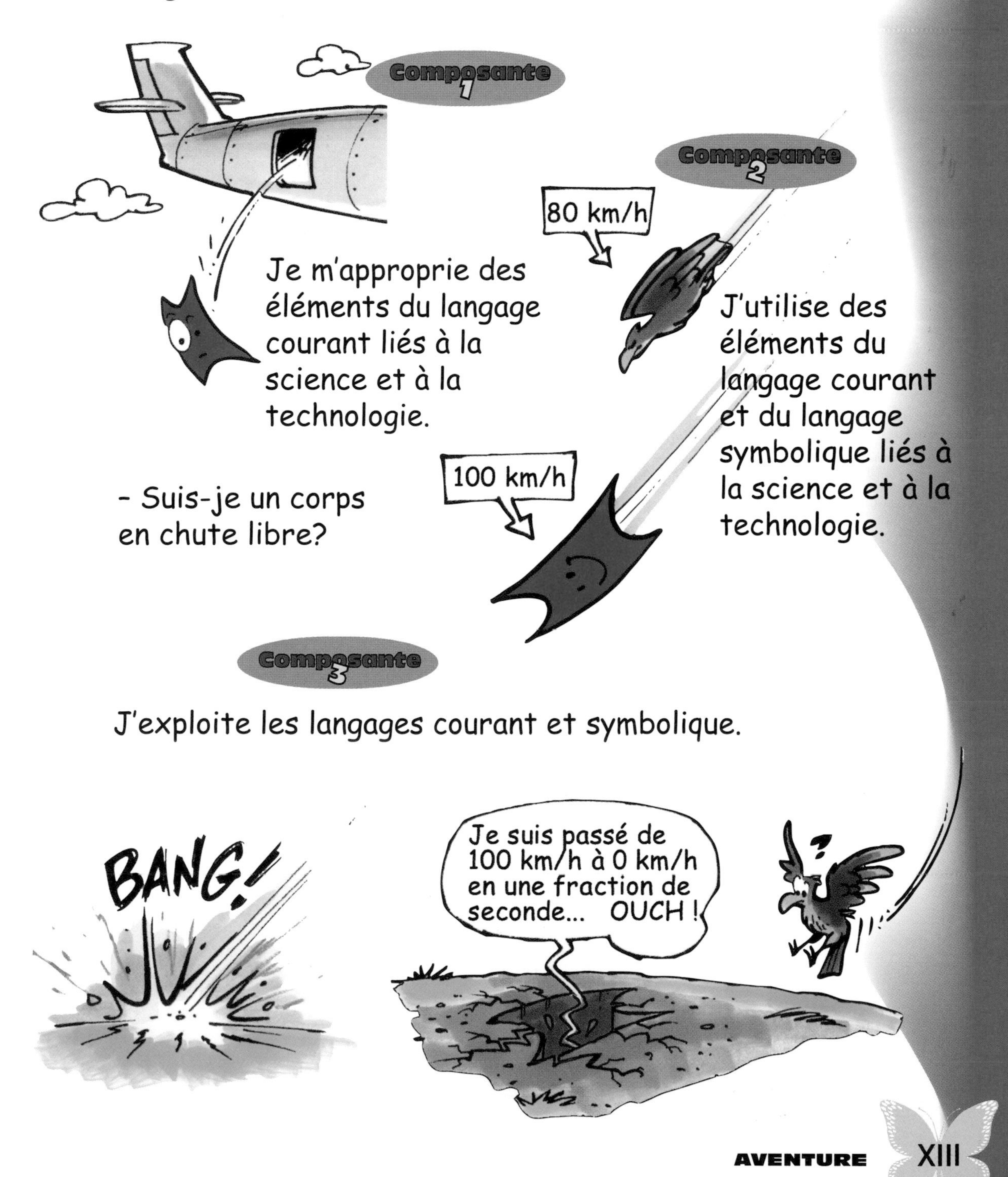

Pictogrammes

Activité individuelle

En équipe de deux 

En équipe de quatre

En grand groupe 

Sécurité

Va voir à la page 102.

Civisme 

Temps d'arrêt

Autoévaluation 

Évaluation par les pairs

Évaluation par l'enseignante ou l'enseignant 

Collaboration des parents

Je conserve des traces

Des traces de mes activités

Comment prévois-tu conserver les données recueillies et les souvenirs accumulés lors de tes aventures en science et en technologie?

Les scientifiques ont souvent avec eux un cahier, un carnet où ils notent leurs réflexions. C'est le **journal de bord**.

Ton **journal de bord** est un outil qui te permettra de garder des traces de tes préparatifs, de tes réflexions et de tes commentaires.

Pour conserver les réalisations dont tu es particulièrement fier ou fière, tu les placeras dans ton **portfolio.**

Des traces d'un passé récent

Observe la photo suivante.

Quel animal a laissé ces traces?
Dessine-les dans ton journal de bord.

Lorsque tu en as l'occasion, dessine dans ton journal de bord ce que tu observes. Ces dessins te seront utiles par la suite.

Des traces d'un passé lointain

On retrouve parfois des restes ou des empreintes laissés par des plantes ou des animaux morts il y a longtemps. Ce sont des fossiles.

Pense aux squelettes de dinosaures que l'on trouve en abondance en Alberta.

Le fossile illustré ci-contre est vieux de plus de quatre cent millions d'années. Il s'agit d'un trilobite.

On en trouve à plusieurs endroits au Canada.

Thème 1 La vie, une aventure

1.1 L'eau chez moi

Activité d'apprentissage 1 Consommateurs d'eau
Activité d'apprentissage 2 Un compteur d'eau?

1.2 L'eau, milieu de vie

Activité d'apprentissage 1 Il était une fois une biosphère...
Activité d'apprentissage 2 Quand l'eau se recycle
Activité d'apprentissage 3 Travail à la chaîne... alimentaire

1.1

L'eau chez moi

Tâche

Tu auras à réfléchir sur tes habitudes de consommation d'eau potable et sur celles des autres.

Intentions de la tâche

Exercer ton jugement critique.

Mettre à profit les outils, objets et procédés de la science et de la technologie.

Réaliser l'importance d'économiser l'eau potable.

Activité d'apprentissage 1
Consommateurs d'eau

Préparation

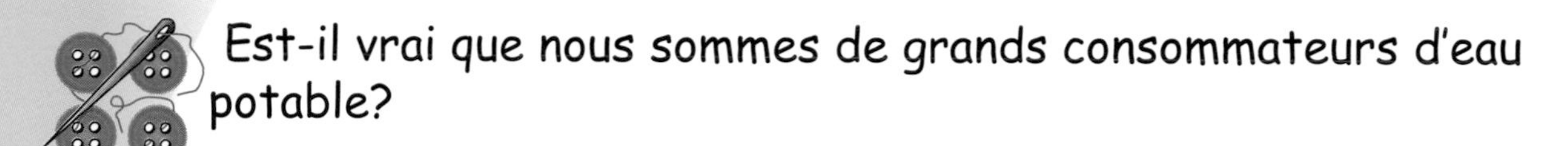

Est-il vrai que nous sommes de grands consommateurs d'eau potable?

Mène une enquête sur la consommation d'eau potable chez toi.

Classification

Réalisation

Note tous les endroits à la maison où l'on se sert d'eau potable.

Combien de fois par jour les membres de ta famille font-ils usage d'eau potable?

Note le nombre de litres utilisés à chaque fois en te référant au tableau suivant.

Consommation domestique d'eau potable

Utilisation	**Quantité* (litres)**
Prendre un bain	60
Prendre une douche (10 min)	100
Brosser ses dents	10 (en laissant couler l'eau)
Laver ses mains	8 (en laissant couler l'eau)
Chasser l'eau d'une toilette	15 - 20
Laisser couler l'eau avant de la boire	3
Utiliser le lave-vaisselle	40
Laver la vaisselle à la main	35
Utiliser la machine à laver	225
Arroser la pelouse	18 à 35 litres par minute

*Pour une utilisation

Source: Environnement Canada (2000)

Inscris tes données dans ton journal de bord.
Calcule la consommation quotidienne d'eau de ta famille.
Inscris tes résultats.
As-tu identifié tous les endroits où l'on utilise l'eau potable?

Intégration

Activation

Présente tes résultats sous forme de diagramme.
Choisissez en groupe le type de diagramme qui convient le mieux.

Ensuite mettez vos données en commun et construisez un diagramme pour toute la classe.

Où se situe la consommation d'eau de ta famille sur le diagramme-classe?

Évaluation

As-tu réussi à compléter ton diagramme?

Quels obstacles as-tu rencontrés?

Si tu avais à refaire ton enquête, quels changements apporterais-tu?

Réinvestissement

Savais-tu que la consommation d'eau varie beaucoup d'un pays à l'autre?

Utilise différentes sources documentaires telles que Internet ou les atlas pour obtenir de l'information sur la consommation d'eau potable dans d'autres pays.

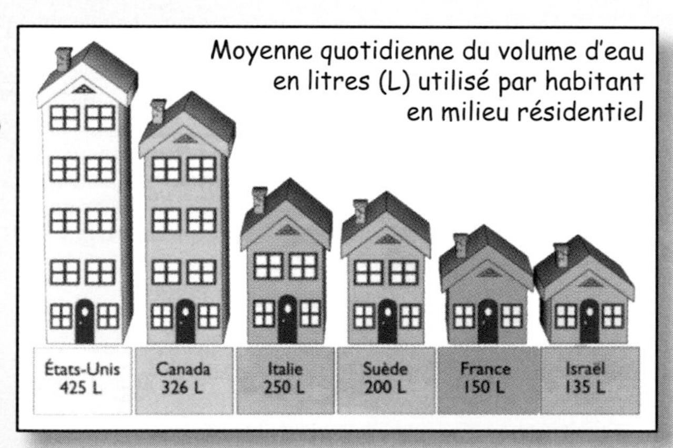

Source: Environnement Canada (2000)

Compare ces données à celles recueillies dans ta famille.

Savais-tu que dans certains pays on doit marcher plusieurs kilomètres chaque jour pour s'approvisionner en eau potable?

Des enfants consacrent plusieurs heures par jour à ce dur travail.

Retour à la tâche

Réfléchis sur ta propre consommation d'eau potable.
Peux-tu la réduire?

Pense à des actions concrètes.

Est-il souhaitable de contrôler la consommation d'eau?

Pourquoi?

Un économiseur d'eau

Activité d'apprentissage 2
Un compteur d'eau?

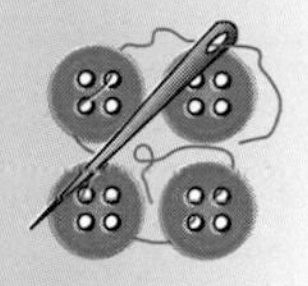

Une municipalité propose d'installer des compteurs d'eau chez tous les résidents.

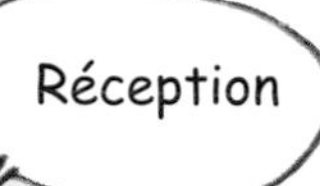

Qu'en penses-tu?

Crois-tu qu'un compteur d'eau puisse favoriser une diminution de la consommation d'eau potable?

Quels sont les avantages et les inconvénients de facturer selon la quantité d'eau potable consommée?

Préparation

Organisez un débat sur les avantages et les inconvénients d'un compteur d'eau.

Prépare tes arguments car tu auras à les défendre.

Assure-toi d'en avoir suffisamment pour justifier ton point de vue.

Réalisation

Motivation

Lors du débat, tes arguments devront être en lien avec tes opinions.

Des exemples concrets faciliteront ta tâche.

Intégration

L'installation de compteurs d'eau est-elle souhaitable?

As-tu changé d'opinion à la suite du débat? Précise ta réponse.

Propose de petits gestes concrets pour limiter la consommation de l'eau potable à la maison ou à l'école. Présente-les à la classe.

Évaluation

Quels arguments de tes camarades t'ont paru les plus convaincants lors du débat?

Réinvestissement

Trouve des moyens de sensibiliser les citoyens de ta municipalité à leur consommation d'eau.

L'eau potable est une richesse qu'on se doit d'économiser.

Comment la science et la technologie contribuent-elles à faire économiser l'eau potable?

Y a-t-il au contraire des cas où la technologie favorise plutôt un gaspillage d'eau potable? Précise ta réponse.

Savais-tu que la Biosphère d'Environnement Canada est le premier musée en Amérique dédié à l'eau, et tout particulièrement au fleuve Saint-Laurent et aux Grands Lacs? Par son réseau d'observateurs de l'environnement, elle vise à donner aux gens le goût d'agir pour protéger et conserver cette précieuse ressource.

Cette biosphère, construite en 1966, est une réalisation de Richard Buckminster Fuller (1895-1983), l'inventeur du dôme géodésique.

Retour à la tâche

Les intentions de cette tâche étaient:

1. Développer la compétence transversale *Exercer son jugement critique;*

2. Développer la compétence disciplinaire *Mettre à profit les outils, objets et procédés de la science et de la technologie;*

3. Réaliser l'importance d'économiser l'eau potable.

Dans chaque cas, donne un exemple pour montrer que tu as réalisé l'intention.

1.2

L'eau, milieu de vie

Qu'ils vivent hors de l'eau ou dans l'eau, tous les organismes vivants en ont besoin pour exister et pour se développer.

Tâche

Tu réaliseras l'importance de l'eau chez les organismes vivants.

Intentions de la tâche

Exploiter les technologies de l'information et de la communication.

Communiquer à l'aide des langages utilisés en science et en technologie.

Fabriquer une biosphère.

Comprendre le cycle de l'eau.

Présenter une chaîne alimentaire d'un milieu aquatique.

Activité d'apprentissage 1
Il était une fois une biosphère...

On appelle biosphère l'ensemble des organismes vivants de notre planète.

Afin d'en simuler le fonctionnement, tu construiras ta propre biosphère.

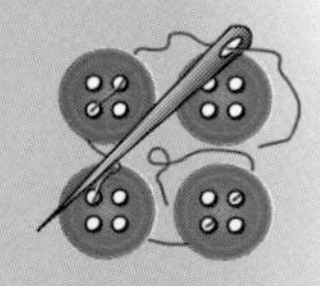

Quels sont les éléments essentiels pour construire une biosphère autosuffisante?

Préparation

Activation

À l'aide d'Internet, renseigne-toi sur les conditions idéales pour construire une biosphère.

Ton défi sera d'imaginer un système fermé dans lequel seront placées des plantes.

Elles devront y demeurer vivantes le plus longtemps possible.

Réalisation

Construis ta biosphère.

Expérimentation

Observe quotidiennement les plantes, le sol, les parois.

Note tes observations pendant au moins deux semaines.

Construis un tableau, à l'aide d'un logiciel, pour y inscrire toutes tes observations.

Compare tes observations avec celles de tes camarades.

Intégration

Construisez un tableau synthèse des données de toutes les équipes de la classe.

Communique ces informations par Internet à une personne de ton choix.

Savais-tu que dans le désert de l'Arizona, une biosphère autosuffisante à l'échelle humaine a déjà été expérimentée? Une équipe de huit personnes y a séjourné sans interruption pendant deux ans.

Évaluation

Évalue ta démarche de recherche sur Internet.

As-tu trouvé facilement l'information dont tu avais besoin? Si non, quels problèmes as-tu rencontrés?

Dresse une liste des mots nouveaux que tu as lus.

Trouves-en le sens.

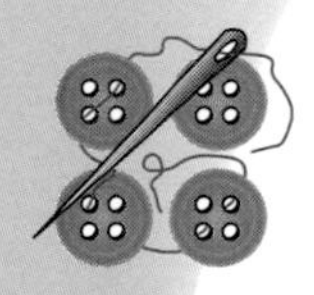

Mettez ces mots en commun et créez votre propre répertoire de mots scientifiques et technologiques.

Réinvestissement

D'après tes observations, une plante vivant dans un milieu fermé a-t-elle besoin d'arrosage?
Précise ta réponse.

Dans ta biosphère, comment une plante se nourrit-elle?

Une île qui n'a pas de nom
M'attend sur la mer atlantique
C'est un caillou presque tout rond
Avec trois arbres squelettiques
Et trente pas de sable blond
Une île...

Extrait du poème *Une île* de Gilles Vigneault

Retour à la tâche

L'eau est indispensable à la vie. Mais comment se fait-il qu'il y a toujours de l'eau lorsque tu ouvres un robinet?

Activité d'apprentissage 2
Quand l'eau se recycle

Préparation

Expérimentation

Comment se fait-il que les océans ne débordent pas alors que des centaines de fleuves y coulent?

Comment se fait-il qu'il y a toujours de l'eau dans les rivières et dans les fleuves?

Compare ton explication à celles de tes camarades.

Quels en sont les points communs?

Quels en sont les points de désaccord?

Prend connaissance de la grille d'évaluation numéro 1 en annexe. Tu devras la compléter à la fin de l'activité.

Réalisation

Modélisation

Dessine des montagnes, un océan, un fleuve qui s'y jette, le soleil, des nuages et de la pluie.

Indique sur ton dessin le trajet de l'eau correspondant à ton explication.

Peux-tu démontrer expérimentalement que ton explication est correcte?

Ta démonstration comprendra deux étapes:

Étape 1 Démontre comment il se fait que l'océan ne déborde pas.

Étape 2 Démontre comment il se fait que le fleuve ne se vide pas.

Rédige ton protocole.
Mets-le en pratique.

Intégration

Quand tes résultats seront concluants, fais-en une démonstration devant la classe.

Ton explication était-elle valable?
Quels en étaient les points forts?
Quels en étaient les points faibles?

Revois ton dessin et apportes-y les modifications que tu juges nécessaires.

Indique sous quel état on retrouve l'eau à divers endroits de sa trajectoire.

Évaluation

Complète la grille d'évaluation numéro 1.

Retour à la tâche

L'eau se recycle continuellement et entretient la vie, c'est le cycle de l'eau.

Que cette vie se manifeste dans l'eau ou hors de l'eau, elle comprend des cycles que l'on nomme chaînes alimentaires.

Activité d'apprentissage 3
Travail à la chaîne... alimentaire

Un écosystème est le réseau d'interactions entre les organismes vivants d'une région et leur environnement.

L'illustration suivante montre un écosystème aquatique.

Observe l'illustration. Elle comprend des éléments d'une chaîne alimentaire.

Qui mange qui?

Préparation

Les organismes qui vivent dans un écosystème sont généralement rattachés à une des catégories suivantes: producteurs, consommateurs ou décomposeurs.

Classification

Consulte le glossaire pour connaître la signification de ces mots.

Classe dans l'une ou l'autre de ces catégories les organismes vivants que tu as observés dans l'écosystème de la page 23.

Réalisation

Modélisation

Ton défi est de construire ta propre chaîne alimentaire aquatique.

Échange avec tes camarades sur le choix des maillons de ta chaîne alimentaire.
Construis ta chaîne alimentaire aquatique.

Intégration

L'eau est essentielle au maintien d'une chaîne alimentaire aquatique.

Mais l'eau est-elle indispensable à une chaîne alimentaire terrestre?

À partir de coupures de journaux, de catalogues ou de revues, essaie de reconstituer chaîne alimentaire terrestre.

Précise si chacun de ses maillons a besoin d'eau pour vivre.

Évaluation

Présente à ton enseignant ou ton enseignante le dessin de ta chaîne alimentaire aquatique.

Explique les rôles de la faune et de la flore dans cette chaîne alimentaire.

Réinvestissement

Invente une histoire à partir d'une chaîne alimentaire.

Illustre ton histoire et raconte-la à tes camarades.

Réflexions sur le thème 1

Dans ce thème, tu as exercé ton jugement critique.

Tu as aussi exploité les technologies de l'information et de la communication.

Pour chacune de ces deux compétences transversales, décris une situation dans laquelle tu l'as développée.

Régulation et évaluation

Tu as également développé les compétences disciplinaires 2 et 3 (voir pages XII et XIII).

Nomme un moment où tu as activé une des composantes de chacune de ces deux compétences disciplinaires.

Thème 2
J'expérimente

2.1 Un tour de piste

Activité d'apprentissage 1 Une roue en entraîne une autre
Activité d'apprentissage 2 Entre les dents
Activité d'apprentissage 3 Je produis des sons
Activité d'apprentissage 4 Un jouet techno

2.2 Des forces électrisantes

Activité d'apprentissage 1 Si petits mais si forts!
Activité d'apprentissage 2 Un détecteur de chage

2.3 De l'électricité dans l'air

Activité d'apprentissage 1 Des éclairs étonnants
Activité d'apprentissage 2 Des éclairs menaçants

2.1

Un tour de piste

Tâche

Tu construiras un jouet.

Les activités d'apprentissage 1, 2 et 3 te permettront de te familiariser avec des techniques pour la fabrication de ton jouet.

Intentions de la tâche

Mettre en oeuvre ta pensée créatrice.

Proposer des explications ou des solutions à des problèmes d'ordre scientifique ou technologique.

Expliquer la transmission du mouvement.

Démontrer divers moyens de transmettre le mouvement et de produire des sons.

Activité d'apprentissage 1

Une roue en entraîne une autre

Ta classe a décidé d'offrir un jouet aux plus jeunes de ton école.

Préparation

Consulte les fiches d'exploration suivantes.

Elles t'aideront à construire ton jouet lors de l'activité d'apprentissage 4.

Voici deux roues fixes qui se touchent.

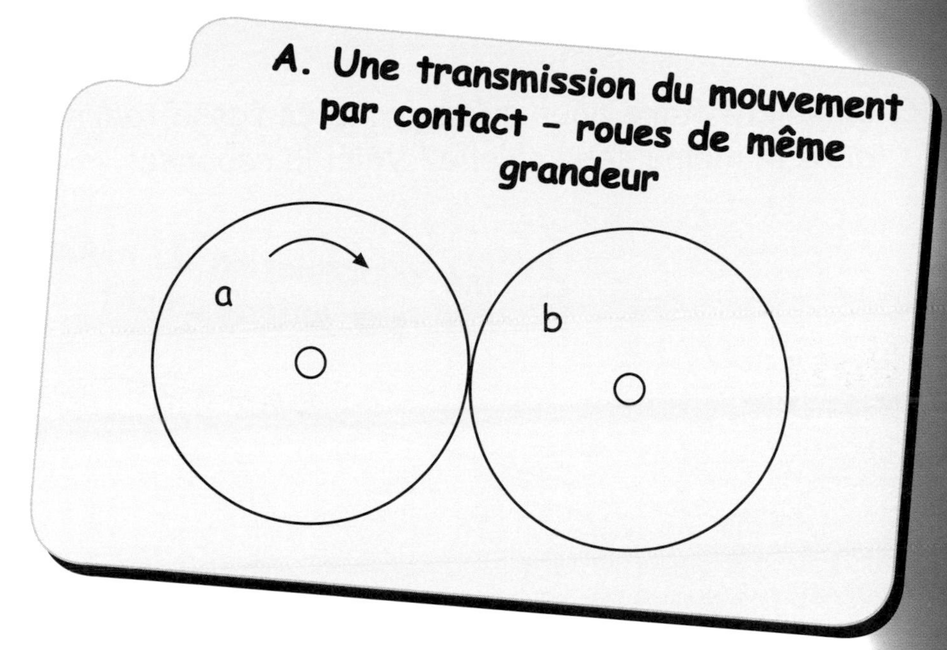

A. Si la roue a tourne dans le sens horaire, dans quel sens tournera la roue b? Horaire ou antihoraire?

Les deux roues tournent-elles à la même vitesse?

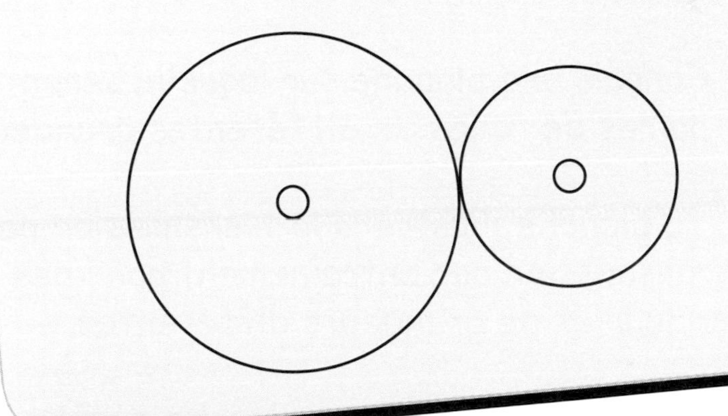

B. Voici maintenant deux roues de grandeurs différentes.

Les deux roues tournent-elles dans le même sens?

Les deux roues tournent-elles à la même vitesse? Pourquoi?

Crois-tu qu'il y ait une relation entre la vitesse de rotation d'une roue et sa grandeur?

C. Comment faire pour qu'une roue en fasse tourner une autre dans le même sens qu'elle? Voici la réponse:

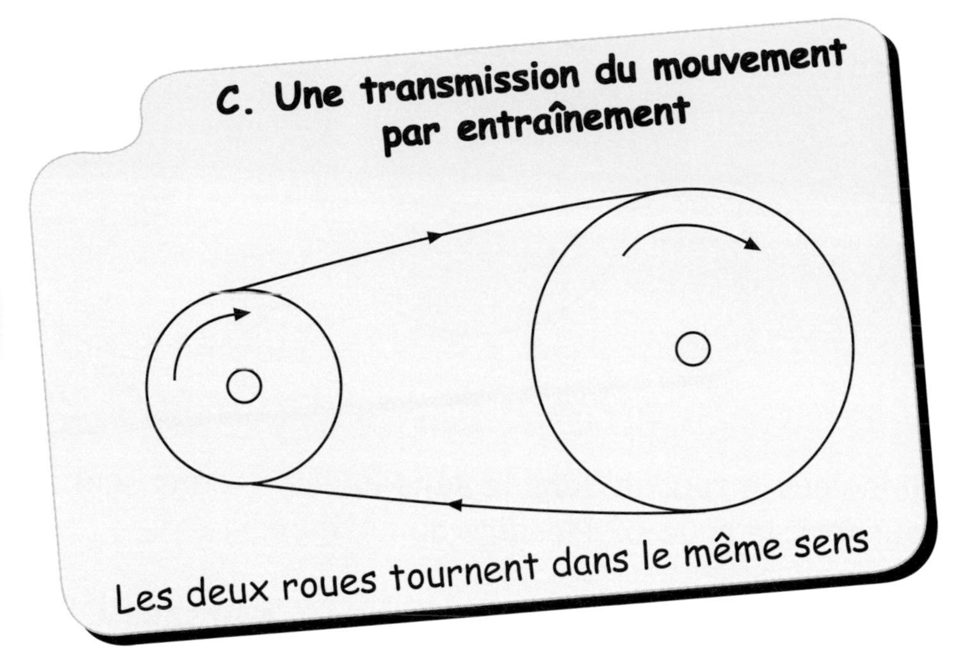

Une planche à roues

Conçois une planche sur laquelle seront fixées plusieurs paires de roues de différentes grandeurs.

Ta planche illustrera la transmission par contact et la transmission par entraînement pour des roues de même grandeur et de grandeurs différentes.

Fais un plan de ta planche à roues et précise
- les matériaux que tu comptes utiliser;
- les étapes de la construction;
- les mesures de sécurité que tu as prises.

Fais approuver ton plan par ton enseignant ou ton enseignante.

Réalisation

Construis ta planche à roues en tenant compte des consignes de sécurité.

Vérifie la validité de la relation que tu as proposée entre la vitesse de rotation d'une roue et sa grandeur.

Présente ta planche à roues à la classe.

Explique comment se transmet le mouvement dans chacun des cas que tu as imaginés.

Présente aussi ta relation à propos des vitesses de rotation.

Intégration

Voici des exemples familiers de transmission du mouvement d'une roue à une autre.

Peux-tu en trouver d'autres?

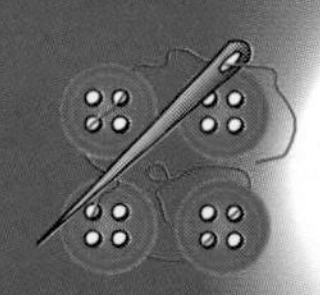

Mets tes exemples en commun avec ceux des autres équipes.

Évaluation

Évalue le fonctionnement de ta planche à roues.

Es-tu satisfait, satisfaite de ta production? Quel(s) aspect(s) pourrais-tu améliorer?

Réinvestissement

Comment ferais-tu, lors d'une transmission du mouvement par entraînement pour que les deux roues tournent en sens inverse l'une de l'autre?

Retour à la tâche

Tu as réalisé que le mouvement peut être transmis d'une roue à une autre par contact ou par l'entremise d'une courroie d'entraînement.

Tu as sans doute réalisé que le glissement peut réduire l'efficacité de la transmission.

La prochaine activité te permettra de voir comment la technologie a contribué à améliorer la transmission du mouvement.

Activité d'apprentissage 2
Entre les dents

Pour assurer une meilleure transmission du mouvement, on utilise des roues dentées.

Un engrenage

Un entraînement par chaîne

On nomme engrenage un mécanisme formé de roues dentées en contact.

Préparation

Activation

Tu connais sûrement des objets qui comportent des engrenages et d'autres où l'on trouve un entraînement par chaîne.

Donne des exemples dans chaque cas.

Ces engrenages datent du 18e siècle.

Si tu peux, apporte un objet en classe et explique son fonctionnement à tes camarades.

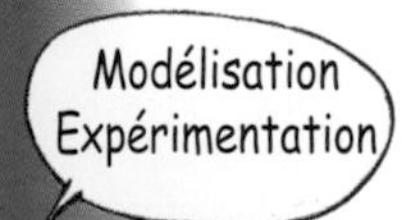

Une planche à engrenages

Conçois une planche sur laquelle seront fixés quelques engrenages ayant des roues de tailles diverses.

Précise
- les matériaux que tu comptes utiliser;
- les étapes de la construction;
- les mesures de sécurité que tu as prises.

Fais approuver ton plan par ton enseignant ou ton enseignante.

Réalisation

Construis ta planche à engrenages en tenant compte des consignes de sécurité.

Pour chaque engrenage, fais tourner d'un tour la plus grande roue.

Combien de tours l'autre roue a-t-elle effectués pendant ce temps?

Y a-t-il une relation entre la vitesse de rotation et le nombre de dents?

Précise ta réponse.

Présente ta planche à engrenages à la classe.

Démontre la relation entre la vitesse de rotation des roues et leur nombre de dents.

Intégration

Vérifie ta relation en l'appliquant à d'autres engrenages.

Évaluation

As-tu réussi la construction de ta planche à engrenages?

Quelles améliorations pourrais-tu y apporter?

Retour à la tâche

Tu as expérimenté la transmission du mouvement.

Tes connaissances te serviront à construire un jouet.
En plus de bouger, ton jouet pourrait aussi émettre des sons.
L'activité suivante te permettra d'améliorer tes connaissances sur la production de sons.

Activité d'apprentissage 3
Je produis des sons

Un son est l'effet d'une vibration perceptible par l'oreille humaine. Tout objet qui peut vibrer peut produire un son.

Quand la vibration est lente (basse fréquence), le son est grave.

Quand la vibration est rapide (haute fréquence), le son est aigu.

Préparation

Tu peux produire un son en faisant vibrer une lame de métal ou de plastique à l'aide d'une roue dentée.

Matériel suggéré

Ta planche à engrenages de l'activité 2;
Une petite lame de métal ou de plastique;
Un bloc de bois pour fixer la lame à la planche;
Une roue dentée fixée à la planche.

Réalisation

Produis des sons en faisant vibrer la lame par la rotation de la roue dentée.

Comment faire pour produire un son plus aigu?

Intégration

Y a-t-il une relation entre la fréquence de rotation de la roue et la fréquence du son produit?
Nomme un instrument de musique qui peut produire des sons très aigus.
Nomme un instrument de musique qui peut produire des sons très graves.

Réinvestissement

Tu as fait varier la fréquence d'un son émis par une lame en modifiant la fréquence de rotation d'une roue dentée. Une autre façon de faire varier la fréquence du son est de modifier la longueur de la lame.

Fais vibrer l'extrémité d'une règle de plastique en la maintenant fermement sur une table et en laissant dépasser une longueur d'environ 5 à 7 cm.

Comment peux-tu faire varier la fréquence du son produit?

Nomme au moins deux instruments de musique qui fonctionnent à partir de ce principe.

Savais-tu que l'oreille humaine peut capter des sons dont la fréquence se situe entre 20 et 20 000 oscillations par seconde?

Si la fréquence est plus haute, ce sont des ultrasons.

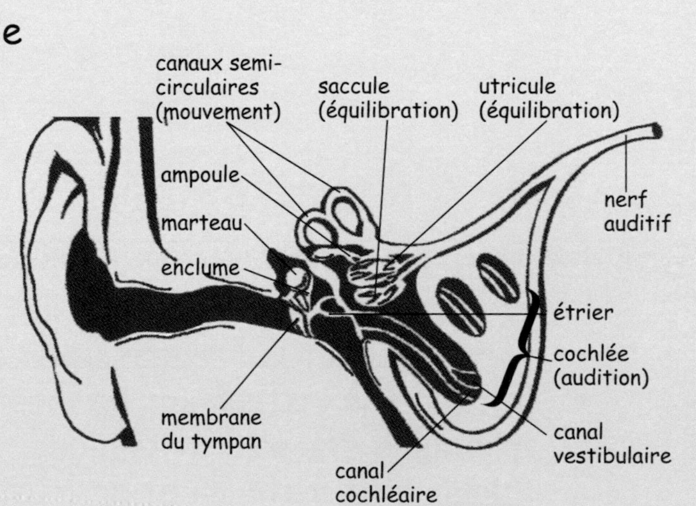

Certains animaux, les chiens et les chauves-souris par exemple, peuvent entendre des ultrasons.

Savais-tu que les chauves-souris, mammifères voraces, s'orientent en émettant des ultrasons qui rebondissent sur leurs proies et permettent de les localiser?

Les ultrasons ont de nombreuses applications technologiques:

- Le sonar pour l'exploration des fonds marins;
- L'échographie dans le domaine médical;
- Le contrôle de qualité dans l'industrie métallurgique;
- Etc.

Savais-tu que le son a besoin d'un milieu matériel (un gaz, un liquide ou un solide) pour se propager?

Le son ne se propage pas dans le vide.

Retour à la tâche

Utilise les habiletés acquises dans la transmission du mouvement et la production de sons pour concevoir un jouet pour les tout-petits.

Activité d'apprentissage 4
Un jouet techno

Ton jouet devra être coloré, amusant et facile à actionner.

Il pourrait de plus émettre des sons.

Préparation

Construis un jouet.

Consignes

Il devra comporter au moins quatre roues de grandeurs différentes.

La rotation d'une seule roue active toutes les autres.

Les roues tournent dans des sens différents.

Les mécanismes de transmission du mouvement doivent être cachés.

Dessine les plans de ton jouet: une vue de face et une vue de derrière.

Ton plan devra préciser les mécanismes d'entraînement et la liste des matériaux que tu comptes utiliser.

N'oublie pas les mesures de sécurité!

Fais approuver ton plan par ton enseignant ou ton enseignante.

Place-le dans ton portfolio.

Réalisation

Construis ton jouet en tenant compte des consignes et des mesures de sécurité.

Fais-en l'essai et apporte les modifications qui s'imposent.

Prends une photo et place-la dans ton portfolio.

Intégration

Essaie de percer le secret du fonctionnement des jouets des autres équipes.

Évaluation

Présente ton jouet à la classe et décris-en les mécanismes.

Es-tu satisfait, satisfaite de ta production?

Quel(s) aspect(s) pourrais-tu améliorer?

Savais-tu que les ingénieurs du 18e siècle adoraient construire des automates, les ancêtres de nos robots modernes? L'ingénieur français Jacques de Vaucanson (1709-1782) avait construit un canard en métal qui simulait plusieurs mouvements d'un vrai canard.

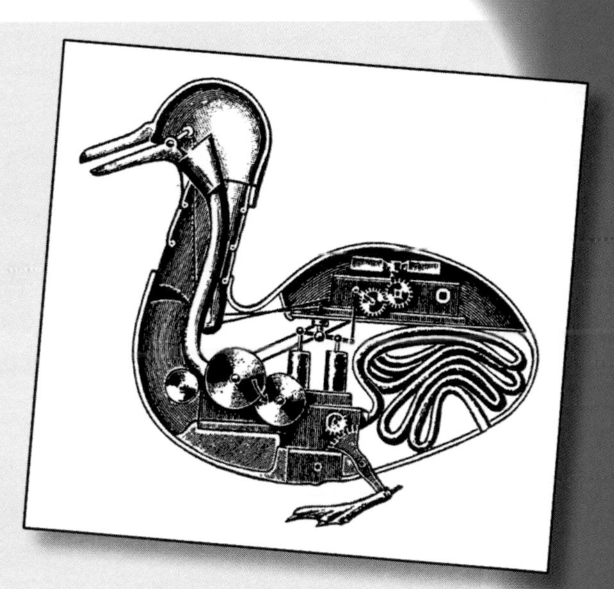

Retour à la tâche

Dans cette tâche, tu avais à développer la compétence transversale *Mettre en oeuvre ta pensée créatrice.*

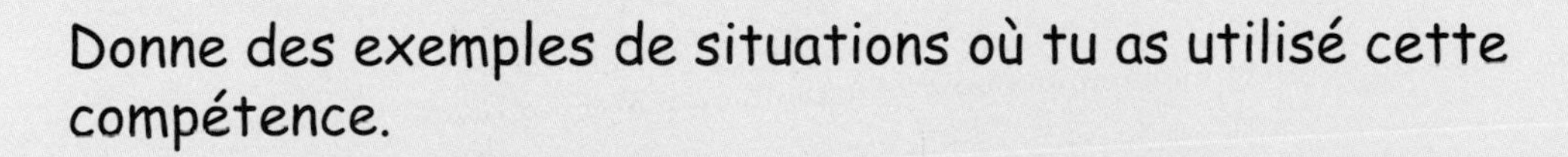

Donne des exemples de situations où tu as utilisé cette compétence.

Donne des exemples de situations où tu as activé les composantes de la compétence disciplinaire *Proposer des explications ou des solutions à des problèmes d'ordre scientifique ou technologique.*

Consulte les pages X et XI de ton manuel.

2.2

Des forces électrisantes

Tes amis et toi avez organisé une fête à l'occasion de l'anniversaire d'un camarade.

Quelqu'un a gonflé d'air des ballons.
Un de tes amis prend un ballon, le frotte sur ses cheveux et l'appuie contre le mur.

Il retire sa main et le ballon demeure collé au mur.
Pourquoi le ballon ne tombe-t-il pas?

Tâche

Tu t'initieras à l'étude de phénomènes reliés à l'électricité statique.

Intentions de la tâche

Résoudre un problème.

Proposer des explications ou des solutions à des problèmes d'ordre scientifique ou technologique.

T'initier à l'étude de l'électricité statique.

Activité d'apprentissage 1
Si petits mais si forts!

Frotte un peigne dans tes cheveux puis approche-le de petits morceaux de papier.

Que remarques-tu?

Il s'est écoulé 2 600 ans depuis les premières observations de ce phénomène.

Voici quelques étapes dans l'histoire de l'électricité statique.

Réception

De l'ambre à l'électron, l'histoire de l'électricité statique

Les premières descriptions d'un phénomène d'électricité statique remontent à 600 ans avant Jésus-Christ. Le scientifique grec Thalès de Milet remarqua qu'en frottant de l'ambre (une résine fossile) avec un tissu, celle-ci attirait des brindilles.

Le premier livre traitant d'électricité statique fut écrit en 1600 par William Gilbert, alors médecin personnel d'Élisabeth première, reine d'Angleterre.

C'est lui qui inventa le mot «électrique» pour qualifier les substances qui, comme l'ambre, peuvent attirer de petits objets. Le mot grec pour ambre est «êlektron».

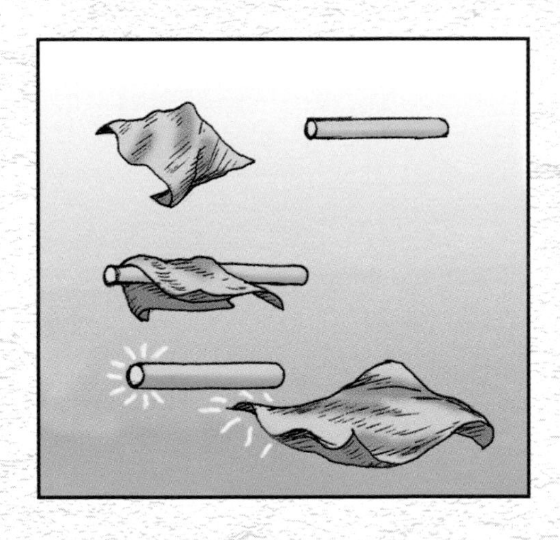

Un peu plus tard, on se rendit compte que du verre frotté avec de la soie produisait une «électricité différente» de celle de l'ambre.
On proposa donc deux sortes d'électricité:

- l'électricité vitreuse;
- l'électricité résineuse.

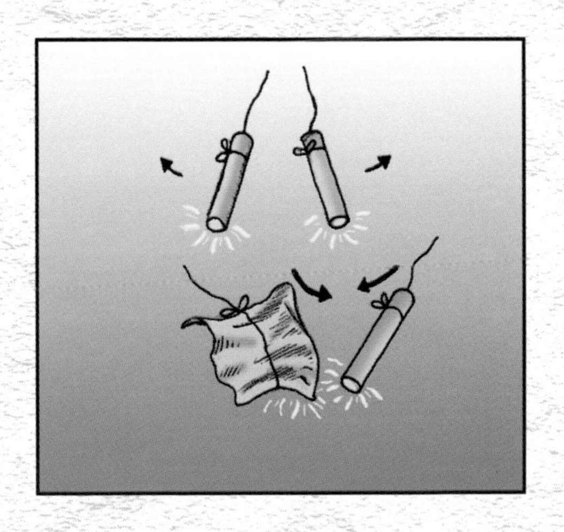

On remarqua que deux objets chargés de la même sorte d'électricité se repoussent alors que deux objets chargés d'électricités différentes s'attirent.

En 1747, le scientifique et homme d'état américain Benjamin Franklin propose de nommer positive (+) l'électricité vitreuse et négative (-) l'électricité résineuse.

En 1897, le physicien anglais Joseph-John Thomson découvre que les atomes qui constituent toute matière possèdent de très petites particules chargées d'électricité négative qu'il nomme électrons.

Réception

Que savons-nous aujourd'hui?

Nous savons maintenant que la matière est composée d'atomes. Les atomes possèdent un même nombre de particules chargées positivement et de particules chargées négativement. C'est pourquoi ils sont neutres.

Normalement, la matière est électriquement neutre car elle contient autant de charges positives que de charges négatives.

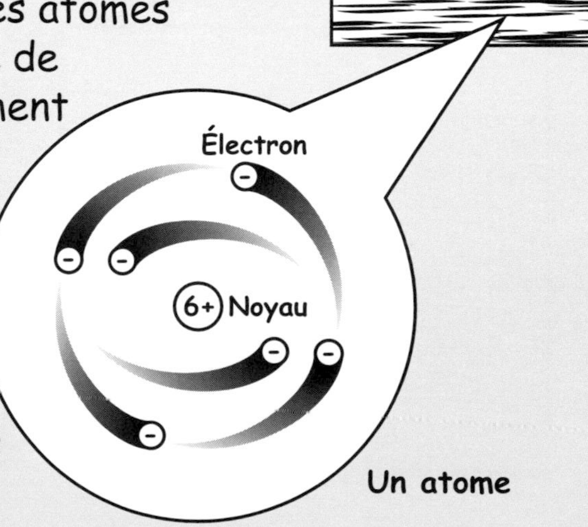

Un atome

Les électrons sont porteurs d'une charge négative.

Certains d'entre eux peuvent être déplacés à l'intérieur de la matière ou être transférés d'un objet à un autre.

Lorsque deux objets sont frottés l'un contre l'autre, il arrive qu'un des deux arrache des électrons à l'autre.

Celui qui gagne des électrons acquiert une charge électrique négative. Celui qui en perd acquiert une charge électrique positive.

Une charge positive et une charge négative s'attirent. Deux charges négatives se repoussent. Deux charges positives se repoussent.

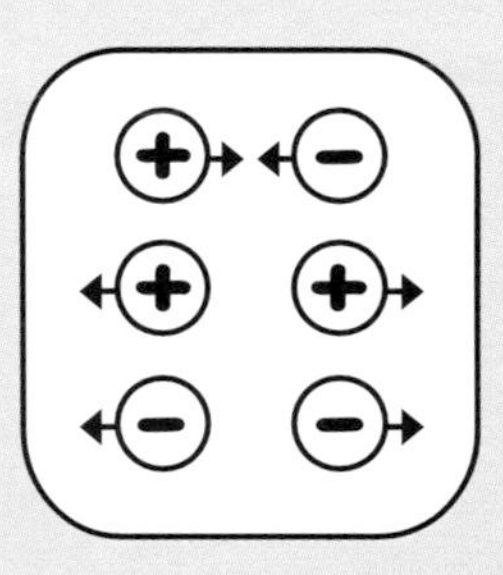

Observe la séquence suivante:

Un transfert de charges

1.

A B

4- 4+

6- 6+

Le nombre de + est égal au nombre de -.
Les objets sont électriquement neutres.
Les nombres de charges indiqués sur le dessin sont symboliques.
En réalité, il y en a beaucoup plus.

2. On frotte ensemble les deux objets. À cause du frottement, des électrons sont arrachés à A et se déposent à la surface de B.

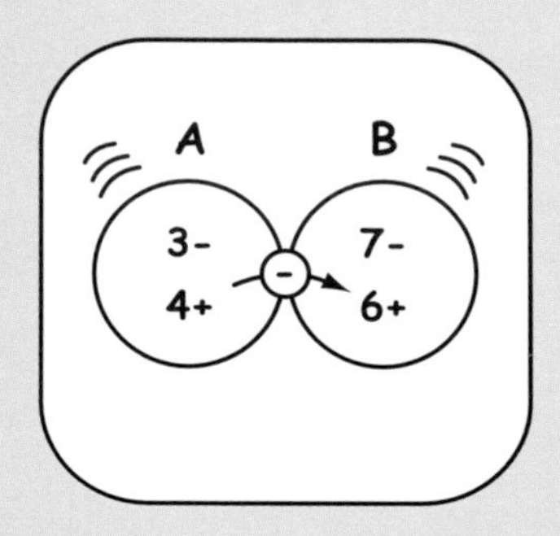

3.

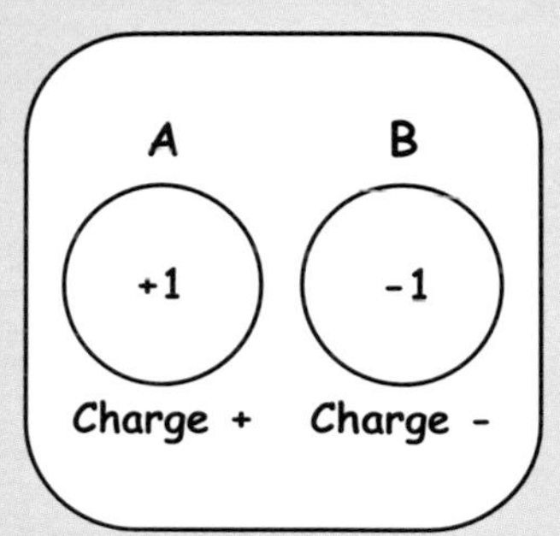

La surface de B devient chargée négativement car elle a un surplus d'électrons. La surface de A devient chargée positivement car il lui manque des électrons.

4. L'objet A et l'objet B s'attirent parce qu'ils portent des charges de signe contraire.

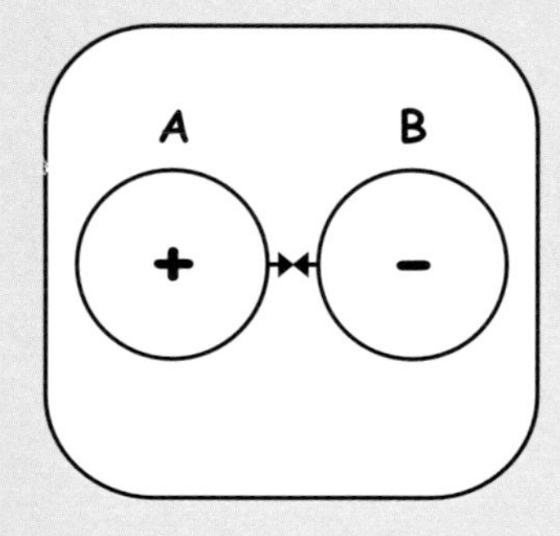

Nous savons aussi que des électrons peuvent se déplacer à l'intérieur d'un objet.
Observe la séquence suivante:

Un déplacement de charges

1.

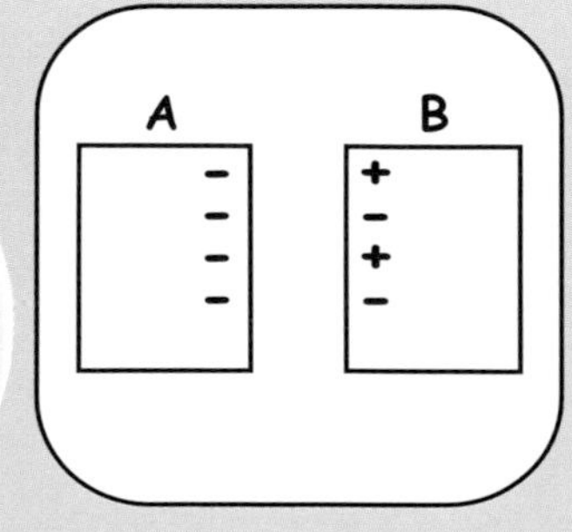

Seul l'objet A est chargé. L'objet B est neutre parce qu'il a autant de charges + que de charges -.

2. Si on rapproche les deux objets, la charge négative de A repousse des électrons (-) de B vers la droite laissant la surface gauche de B chargée positivement.

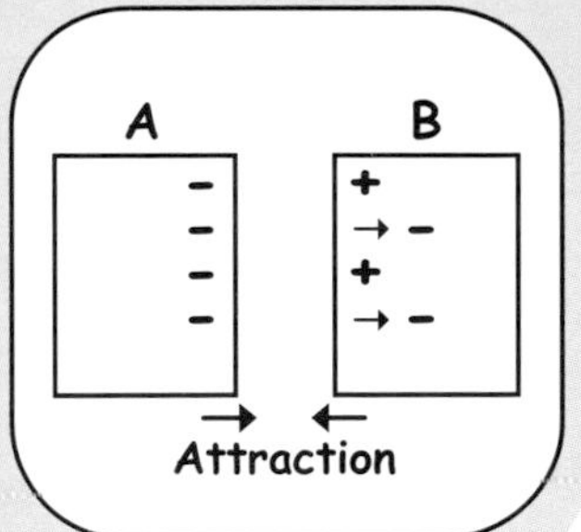

L'objet A et l'objet B s'attirent.

Préparation

Lorsqu'on frotte un ballon avec de la laine, de la fourrure ou... des cheveux, **le ballon arrache des électrons aux cheveux.**

Frotte un ballon sur tes cheveux.

De quel signe est chargé le ballon?
De quel signe sont chargés tes cheveux?
Qu'arrive-t-il à tes cheveux?
Explique pourquoi.

Découpe de petits morceaux de papier et approche le ballon.

Que se passe-t-il?

Propose une explication du phénomène.
Compare ton explication avec celle de tes camarades.

Pouvez-vous en arriver à une explication commune?

Réalisation

Expérimentation

Frotte le ballon dans tes cheveux puis appuie-le contre le mur. Qu'observes-tu?

Intégration

Explique le phénomène et illustre ton explication à l'aide d'un schéma.

Évaluation

Présente ton explication à la classe en utilisant le mode de présentation de ton choix.

Ton explication est-elle en accord avec celle que tu as fournie à propos des morceaux de papier?

Précise ta réponse.

Réinvestissement

Gonfle deux ballons et suspends chacun d'eux au bout d'une ficelle d'environ 30 cm de longueur. Frotte les ballons avec de la laine puis rapproche-les l'un de l'autre.

Qu'observes-tu?
Explique le comportement des ballons.

Savais-tu que c'est l'attraction des charges électriques produites par le frottement qui fait coller le linge à la sortie de la sécheuse?

Les assouplissants de tissus dont on se sert pour éliminer les effets de l'électricité statique fonctionnent de deux façons:

a) Ils déposent sur les tissus une substance qui réduit le frottement, réduisant ainsi la formation de charges électriques.

b) Ils ajoutent des charges électriques qui neutralisent celles qui sont produites.

Retour à la tâche

Tu as observé des effets de l'électricité statique. Voyons maintenant comment en détecter la présence.

Activité d'apprentissage 2
Un détecteur de charge

Comment savoir si un objet est chargé électriquement?

La construction et l'utilisation d'un appareil simple te permettra de détecter la présence de charges électriques. On appelle cet appareil un électroscope.

Préparation

Matériel suggéré

Expérimentation

Un pot en verre avec un couvercle en métal;
Une tige métallique pliée aux deux extrémités;
Une mince feuille de papier d'aluminium d'environ 10 cm X 0,5 cm, pliée en deux.

Réalisation

Monte ton électroscope en t'assurant:

a) que la tige de métal est fermement en contact avec le métal du couvercle (gratte la peinture s'il y a lieu);

b) que les pans de la feuille peuvent bouger facilement.

Charge électriquement un ballon en le frottant avec un morceau de laine... ou tes cheveux.

Approche doucement le ballon du plateau de l'électroscope (le couvercle) sans y toucher.

Qu'observes-tu?

Retire le ballon.

Qu'observes-tu?

Intégration

Fais un schéma de ton électroscope. Indique la répartition des charges dans l'électroscope lorsque le ballon est situé près du plateau.

Évaluation

Ton électroscope fonctionne-t-il de façon satisfaisante? Sinon explique pourquoi.

Réinvestissement

Si tu en as l'occasion, apporte à ton électroscope les améliorations nécessaires.

Utilise ton électroscope pour détecter la présence de charges électriques sur d'autres objets.

Retour à la tâche

Crois-tu que cette tâche t'a permis de développer la compétence transversale *Résoudre des problèmes*?

Précise ta réponse en indiquant à quel moment tu as activé chacune de composantes de la compétence:

- Analyser les éléments de la situation;
- Imaginer des pistes de solution;
- Mettre à l'essai des pistes de solution;
- Évaluer sa démarche;
- Adopter un fonctionnement souple.

2.3

De l'électricité dans l'air

Observation

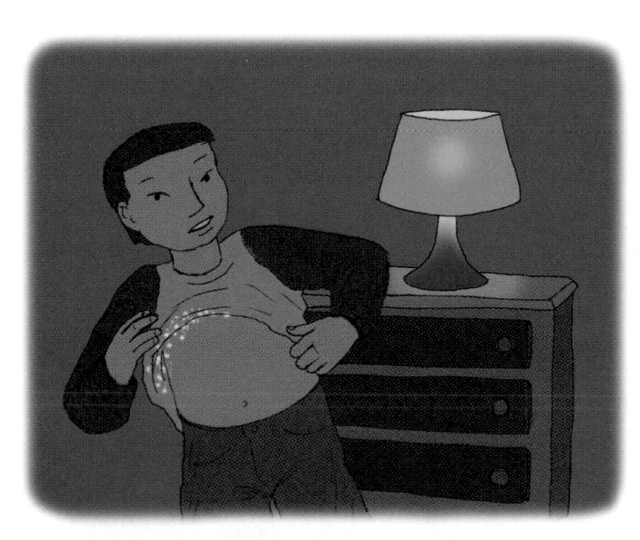

Il fait noir.
Un orage vient d'éclater.
Tu es dans ta chambre et tu enlèves brusquement ton chandail.

Tu remarques la formation d'étincelles. Celles-ci sont accompagnées de crépitements.

Au même moment, tu vois un éclair qui fend l'air et quelques secondes plus tard, tu entends un formidable coup de tonnerre.

Qu'ont en commun les étincelles et les éclairs? Les crépitements et le tonnerre?

Tâche

Tu devras expliquer la formation des étincelles et des éclairs, des crépitements et du tonnerre.

Intentions de la tâche

Exploiter l'information.

Communiquer à l'aide des langages utilisés en science et en technologie.

Améliorer tes connaissances en électricité statique.

Activité d'apprentissage 1
Des éclairs étonnants

Préparation

Tu peux provoquer toi-même des éclairs.

Matériel suggéré
Un ballon gonflé;
Tes cheveux;
Un objet métallique.

Réalisation

Cette expérience donne des résultats plus visibles lorsqu'elle est effectuée dans un endroit sombre.

Charge le ballon en le frottant sur tes cheveux.

Approche lentement le ballon d'un objet métallique.

Observe ce qui se passe.

Note tes observations.

Intégration

Explique les deux phénomènes que tu as observés.
Certains objets métalliques donnent-ils de meilleurs résultats que d'autres?

Précise ta réponse.

Mets ta réponse en commun avec celles des autres équipes. 

Peux-tu établir des liens entre tes observations et les phénomènes associés à un orage?

Retour à la tâche

Tu as provoqué des éclairs miniatures.

Voyons maintenant comment se forment les gros.

Activité d'apprentissage 2
Des éclairs menaçants

Tu es au milieu d'un champ et un système orageux avance rapidement vers toi.

Vas-tu courir te réfugier sous l'arbre qui se dresse seul au milieu du champ?

Préparation

Après avoir pris connaissance des informations qui suivent, tu noteras dans ton journal de bord pourquoi il serait très dangereux de se réfugier sous un arbre solitaire pendant un orage.

Réception

La foudre, un phénomène d'électricité statique

À l'activité précédente, tu as chargé un ballon en le frottant puis tu as transmis des charges à un objet métallique.
Les charges se sont transmises dans l'air, provoquant une étincelle accompagnée d'un crépitement.

Dans le cas d'un orage, c'est un cumulonimbus qui agit comme ballon.
Le cumulonimbus est un nuage qui peut atteindre 10 km de hauteur.
Il y a beaucoup de mouvement à l'intérieur.
On y retrouve des cristaux de glace qui s'entrechoquent, portés par des vents de plus de 150 km/h.
Cela produit du frottement qui provoque l'apparition d'un très grand nombre de charges positives et de charges négatives.

Le plus souvent, la base du nuage devient chargée négativement.

Sous l'influence des charges négatives du nuage, la surface du sol sous le nuage devient chargée positivement. Lorsque les charges sont assez nombreuses, il se produit un transfert de charges négatives, du nuage vers le sol. C'est la foudre.

La foudre frappera de préférence les objets métalliques et ceux qui sont les plus élevés par rapport à l'environnement immédiat.

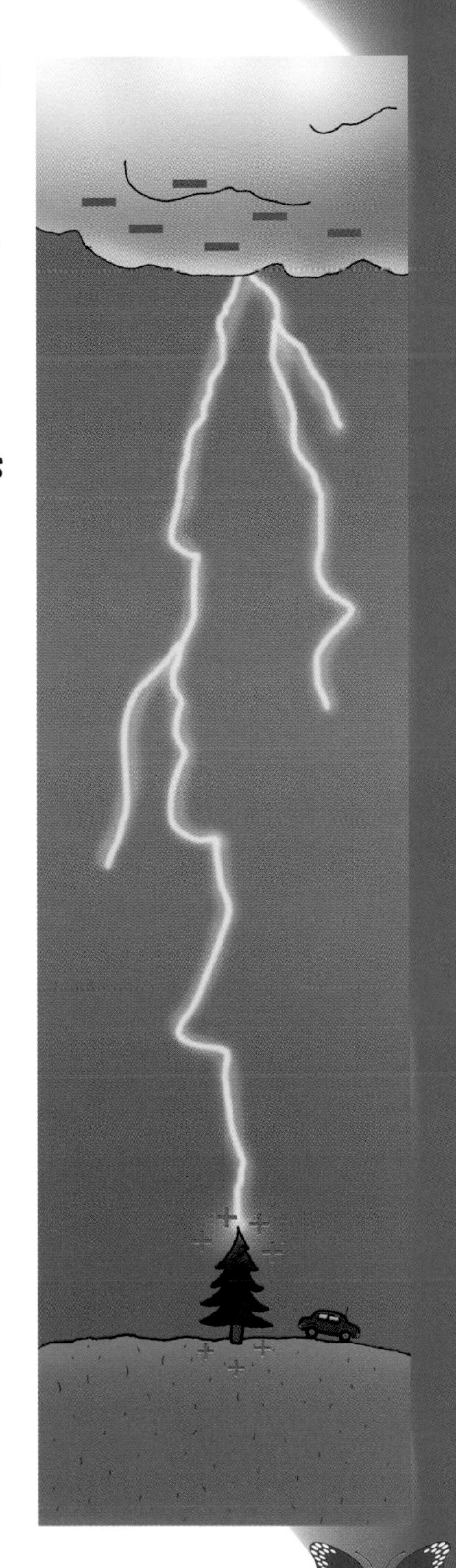

Réalisation

Présente à la classe un exposé sur les dangers de la foudre et sur les précautions à prendre pour éviter d'être frappé.

Évaluation

Évalue les présentations des autres équipes. Remplis la grille d'évaluation prévue à cet effet.

Réinvestissement

Pourquoi entend-on généralement le tonnerre après avoir vu l'éclair?

La foudre produit deux phénomènes observables:

- L'éclair, un flash lumineux;
- Le tonnerre, un son émis par le déplacement de l'air.

Le son voyage dans l'air à environ 330 m/s (trois cent trente mètres par seconde).

La lumière voyage dans l'air à 300 000 000 m/s (trois cents millions de mètres par seconde).

Donc l'éclair nous parvient presque instantanément alors que le tonnerre met un certain temps à nous parvenir.

Par exemple, si tu entends le tonnerre trois secondes après avoir vu un éclair, c'est que l'orage est à environ un kilomètre de toi:

Le son voyage à 330 m/s.

En trois secondes, un son aura parcouru
330 m/s X 3 s = 990 m soit presque 1 km.

Effectue les calculs suivants.

1. Tu entends le tonnerre 10 secondes après avoir vu un éclair.
   À quelle distance de toi la foudre s'est-elle produite?

2. Un orage est à 1 320 m de toi.
   Combien de temps après avoir vu un éclair entendras-tu le tonnerre?

Savais-tu qu'à tout instant, il y a environ 2 000 orages en action autour de la Terre?

Savais-tu que c'est Benjamin Franklin qui est l'inventeur du paratonnerre? Il a installé le premier paratonnerre sur sa maison à Philadelphie en 1749.

La photo ci-contre montre des paratonnerres installés au sommet d'une cheminée d'usine.

Si tu en as l'occasion, effectue une recherche sur le paratonnerre.

Retour à la tâche

La formation de cellules orageuses est une des manifestations des systèmes météorologiques.

Les orages se forment-ils en été ou en hiver?

Nous verrons, pourquoi il y a différents climats à l'échelle planétaire, au thème 3.

Réflexions sur le thème 2

Ce thème t'a fourni l'occasion d'expérimenter.

Tu as développé la première compétence disciplinaire en Science et technologie *Proposer des explications ou des solutions à des problèmes d'ordre scientifique ou technologique.*

Revois les composantes de cette compétence (pages X et XI). Choisis une composante et identifie un moment où tu l'as activée.

Ce thème t'a aussi permis de communiquer à l'aide des langages utilisés en science et en technologie.

Choisis cinq mots utilisés en science et en technologie dans ce thème.

Explique leur signification à l'aide d'un exemple.

Thème 3
L'habitat humain

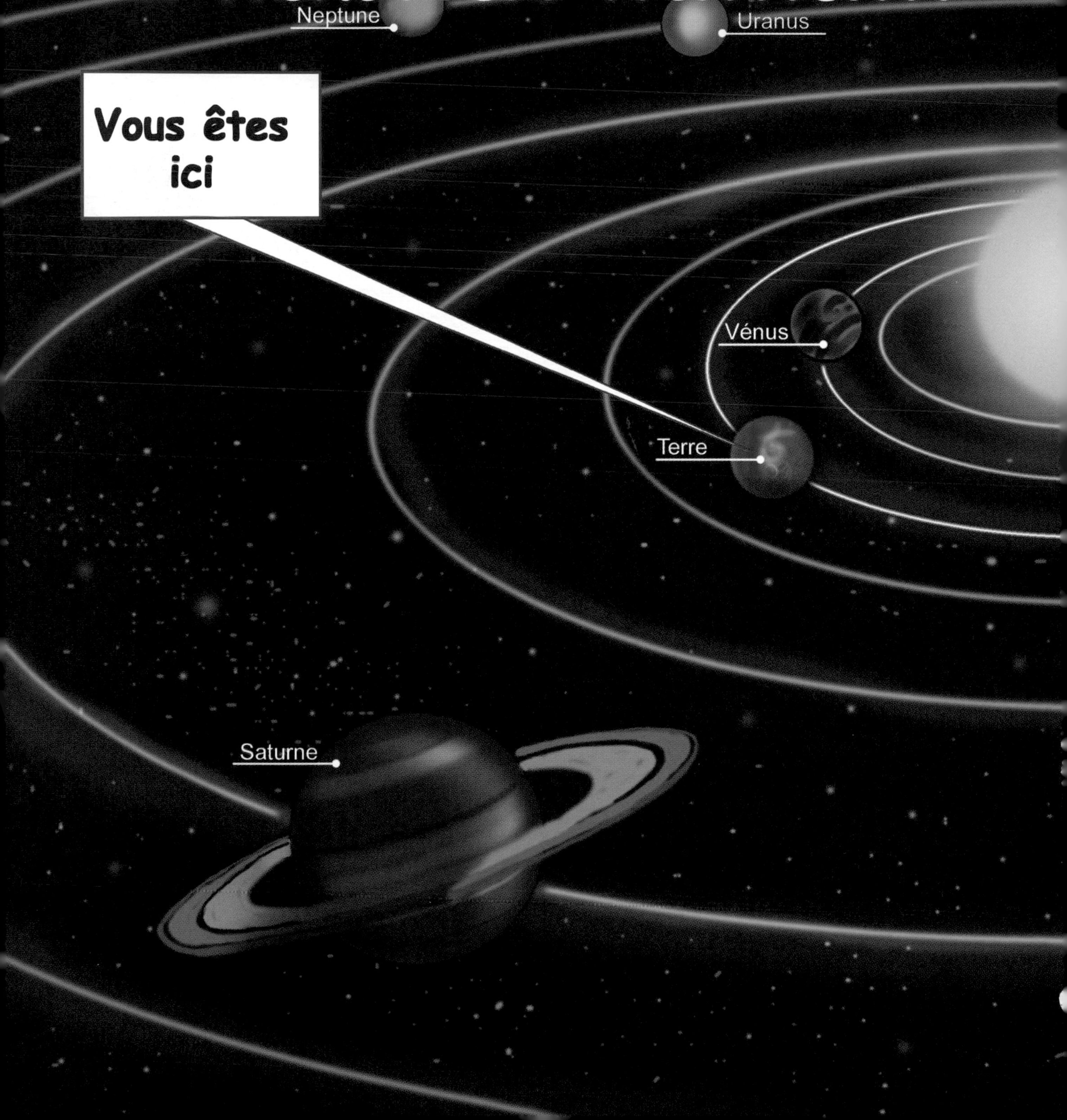

Neptune
Uranus

Vous êtes ici

Vénus
Terre
Saturne

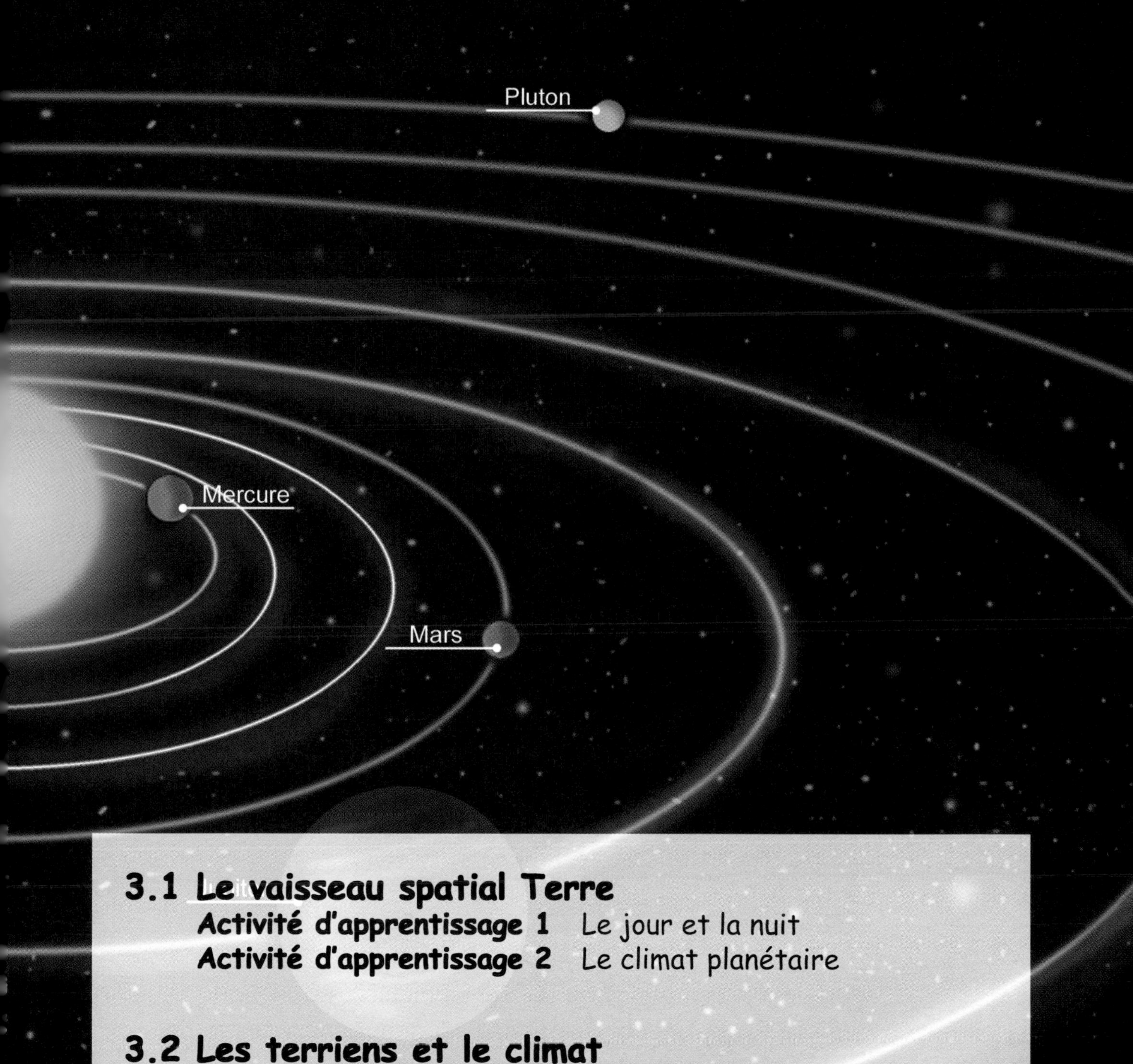
Pluton
Mercure
Mars

3.1 Le vaisseau spatial Terre

On pourrait considérer la Terre comme étant un vaisseau spatial qui file dans l'espace à une vitesse de 80 000 km/h dans sa course autour du Soleil[1].

1. Ce dessin n'est pas l'échelle (voir la page 101).

Tâche

Tu devras expliquer les différents climats terrestres à partir des mouvements du vaisseau spatial Terre.

Intentions de la tâche

Communiquer de façon appropriée.

Communiquer à l'aide des langages utilisés en science et en technologie.

Améliorer tes connaissances sur la course de la Terre dans l'espace et sur son influence sur le climat.

Activité d'apprentissage 1
Le jour et la nuit

Préparation

Activation

Pourquoi fait-il plus chaud le jour et plus froid la nuit?

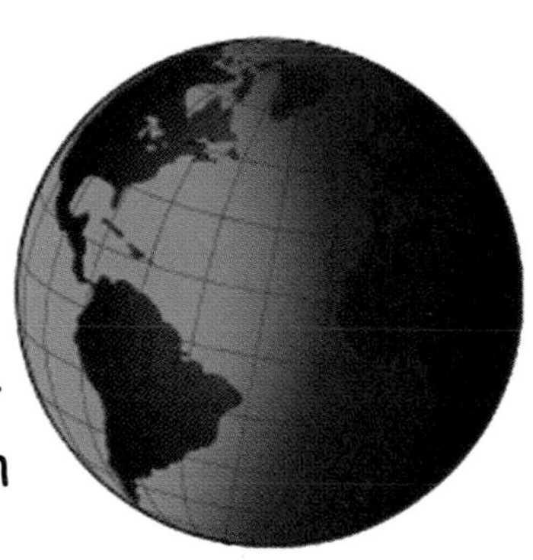

As-tu remarqué que généralement il fait plus chaud le midi et plus froid le matin et le soir?

Peux-tu expliquer pourquoi?

La Terre tourne sur elle-même.

Comme tu sais, la lumière du jour et la chaleur qui l'accompagne nous viennent du Soleil.

L'illustration suivante montre la Terre telle que tu la verrais si tu étais dans un vaisseau spatial situé tout juste au-dessus du pôle nord.

Observe le dessin.
Imagine une personne à chacun des quatre points A,B,C et D.

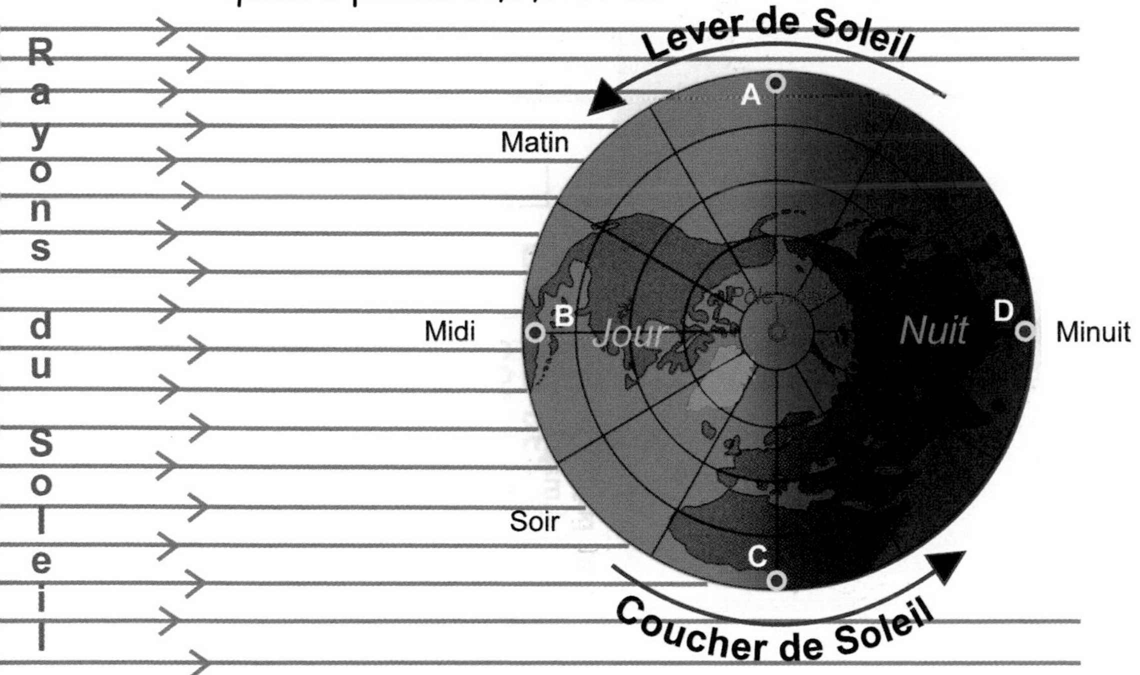

Pour la personne au point A, le soleil se lève.
Pour la personne au point B, il est midi.
Pour la personne au point C, le soleil se couche.
Pour la personne au point D, il est minuit.

À chaque instant, le soleil se lève quelque part sur la terre.

Réalisation

Modélisation

À l'aide d'une ampoule électrique (le Soleil) et d'un ballon (la Terre), reproduit le lever et le coucher de soleil par le mouvement de rotation de la Terre sur elle-même. Observe les zones de lumière et d'ombre correspondant au jour et à la nuit.

Intégration

Lorsqu'un rayon de soleil frappe une surface perpendiculairement, le rayonnement est plus efficace.

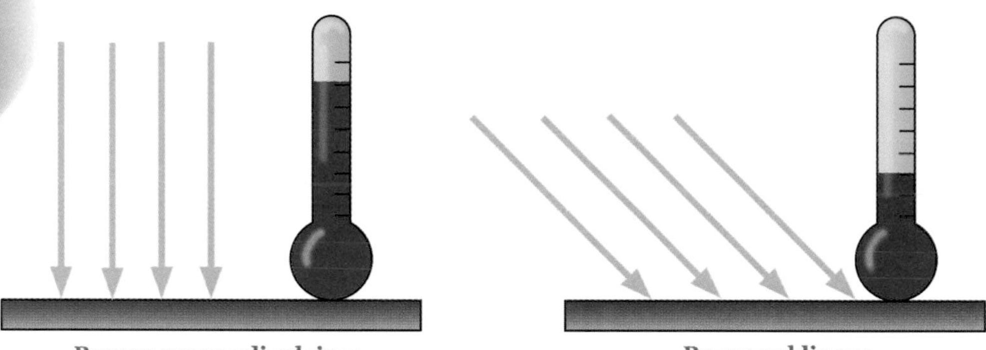

Rayons perpendiculaires

Rayons obliques

Sur l'illustration de la Terre vue du pôle nord, observe les endroits où les rayons du Soleil sont presque perpendiculaires et où les rayons sont obliques.

Pourquoi fait-il généralement plus chaud vers midi?

Il y a d'autres facteurs qui influencent la température: le déplacement des masses d'air, la nature des sols, la présence de plans d'eau importants etc.

Évaluation

À l'aide de la grille d'évaluation qu'on te remettra, évalue le montage des autres équipes.

Réinvestissement

La Lune nous éclaire la nuit.

La Lune est-elle une source de rayons lumineux?
Précise ta réponse.

Pourquoi ne la voyons-nous pas toujours complètement?

Retour à la tâche

Tu as réalisé pourquoi il fait généralement plus chaud le midi que le matin.

Mais pourquoi fait-il plus chaud en été qu'en hiver?

Activité d'apprentissage 2

Le climat planétaire

Tu as vu à l'activité précédente que les rayons du Soleil sont plus efficaces lorsqu'ils frappent une surface perpendiculairement.

Préparation

La Terre tourne sur elle-même.
Elle tourne aussi autour du Soleil.

Le dessin suivant montre la Terre en orbite autour du Soleil.

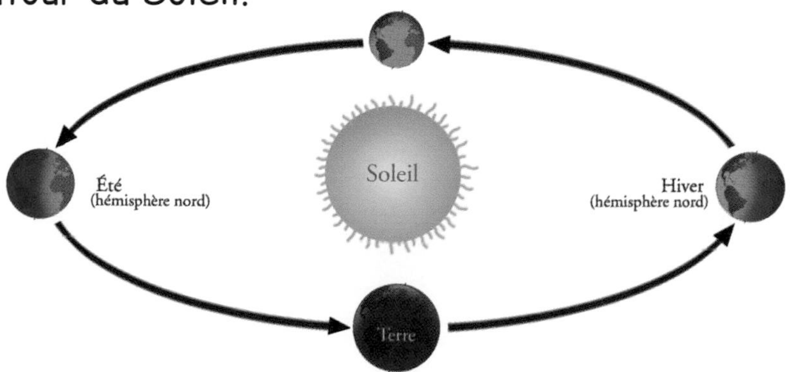

Voici une représentation de la Terre aux deux positions extrêmes de son orbite autour du Soleil.

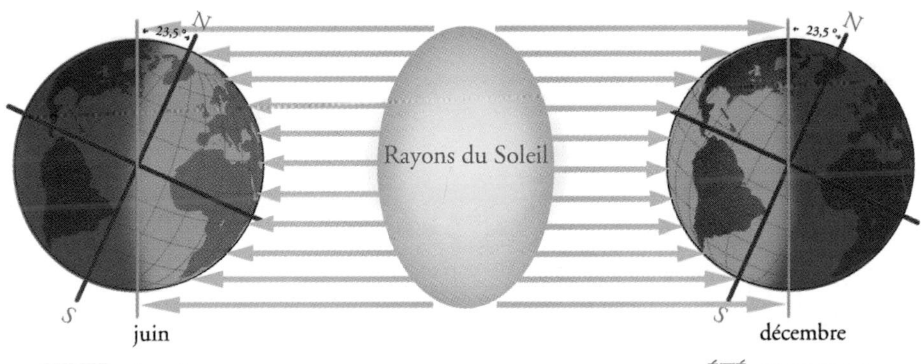

L'axe de rotation de la Terre sur elle-même est incliné de 23,5° par rapport au plan de son orbite.

Les rayons du Soleil frappent-ils la surface de la Terre partout avec le même angle?

Précise ta réponse.

À partir de ce dessin, explique pourquoi il fait plus chaud à l'équateur qu'aux pôles. Explique aussi pourquoi lorsque c'est l'été dans l'hémisphère nord, c'est l'hiver dans l'hémisphère sud et inversement.

Modélisation

Prépare une communication que tu présenteras à la classe.

Fais une démonstration à l'aide du matériel de ton choix.

Réalisation

Présente ta communication.

Évaluation

Évalue les présentations des autres équipes à l'aide de la grille prévue à cet effet.

Réinvestissement

As-tu vu le Soleil se lever ce matin?

Par beau temps, nous pouvons quelquefois assister à des levers de soleil radieux.

Et que dire des couchers de soleil avec leur cortège de couleurs?

Mais le Soleil se lève-t-il vraiment?

Et s'il se couche, où se couche-t-il?

Nous savons bien sûr que le Soleil ne se lève ni ne se couche.

Le lever de soleil n'est qu'une expression pour indiquer le moment où il voit le Soleil apparaître à l'horizon.

C'est notre horizon qui baisse à cause de la rotation de la Terre sur elle-même.

Reviens à l'illustration de la page 77.
Laquelle des quatre personnes pourrait voir le spectacle illustré à la page 82?

Retour à la tâche

La façon dont les rayons du Soleil frappent la surface de la Terre détermine en partie le climat.

Comment le climat influence-t-il le développement de la vie sur notre planète?

3.2

Les terriens et le climat

Sur notre planète, il y a des endroits où il fait froid et d'autres où il fait chaud.

Peux-tu nommer des régions où il fait froid toute l'année?

Peux-tu nommer des régions où il fait chaud toute l'année?

Tâche

Tu prendras conscience de l'influence du climat sur la vie des habitants de la Terre.

Intentions de la tâche

Te faire réaliser les effets du climat sur les formes de vie passées et présentes.

Te faire réaliser l'importance de la technologie que nous utilisons pour nous adapter à notre climat.

Communiquer de façon appropriée.

Mettre à profit les outils, objets et procédés de la science et de la technologie.

S'ouvrir à la diversité des sociétés et de leur territoire.

Inventer des séquences dramatiques.

Activité d'apprentissage 1
La vie s'adapte au climat

Les plantes, les animaux et les humains doivent souvent affronter des températures très variables.

Comment les lièvres s'adaptent-ils aux changements climatiques? Et les ours? Et toi?

Comment les arbres résistent-ils à l'hiver?
Pourrais-tu vivre en hiver sans maison et sans vêtements?

Préparation

Choisis un animal et une plante qui subissent des modifications importantes pour s'adapter au climat.

Écris ce que tu connais de ces modifications.

Réalisation

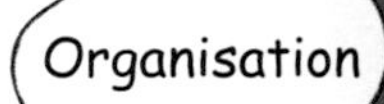

Vérifie tes connaissances en effectuant une recherche sur l'animal et sur la plante que tu as choisis.

Présente à la classe les résultats de tes recherches.

Intégration

Les animaux domestiques subissent-ils des modifications saisonnières?

Savais-tu que la grenouille passe l'hiver enfouie dans la vase? Son coeur bat au ralenti, ce qui exige moins d'énergie.

Savais-tu que l'ours femelle donne naissance à ses petits durant sa période d'hibernation? À la naissance, ils ne sont pas plus gros qu'un petit écureuil. Qu'est-ce que l'hibernation?

Savais-tu que le mélèze est le seul conifère à perdre ses aiguilles en hiver?

Le tamia fait des provisions.

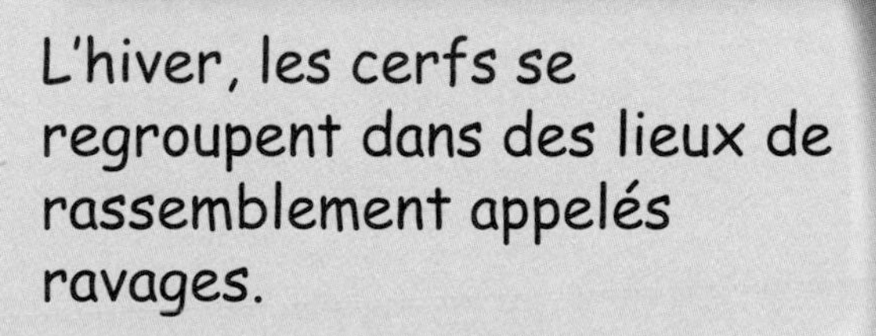

L'hiver, les cerfs se regroupent dans des lieux de rassemblement appelés ravages.

Savais-tu que l'harfang des neiges passe ses étés dans le Grand Nord? L'hiver, lorsqu'il manque de nourriture, il va chasser plus au sud.

Au lieu de s'adapter aux saisons, certains animaux entreprennent une longue migration. C'est le cas de plusieurs espèces d'oiseaux.

...
Au mois de mai à
marée basse
Voilà les oies
Depuis des siècles
Au mois de juin
Parties les oies ...

FÉLIX LECLERC, *Le tour de l'île.*

Lors de sa migration, le colibri peut parcourir sans s'arrêter l'incroyable distance de 1 000 km au-dessus du golfe du Mexique.

Savais-tu que le Monarque passe l'hiver au Mexique?
C'est le seul papillon d'Amérique du Nord à effectuer une migration aussi spectaculaire.

Tous les ans, en septembre, dans le cadre du projet Monarques sans frontière de l'Insectarium de Montréal, des élèves relâchent des papillons identifiés qui participeront à la grande migration.

Évaluation

L'évaluation portera sur le contenu et sur la présentation de ta recherche.

Les critères d'évaluation sont:

- J'ai recueilli suffisamment d'informations.
- Je connais bien mon sujet.
- Ma présentation est dynamique.
- Je réponds aux questions de façon satisfaisante.
- J'utilise un langage approprié.

Retour à la tâche

La flore et la faune s'adaptent au climat en se modifiant.

Les humains, eux, doivent recourir à la technologie.

Activité d'apprentissage 2
Une technologie adaptée

Préparation

Activation
Coopération

Nomme des moyens utilisés par les humains pour s'adapter au climat.

Mets en commun avec la classe les moyens que tu as nommés.

Certaines de ces technologies sont-elles nuisibles à la flore et à la faune?

Échange tes opinions avec tes camarades.

Imagine un sketch ayant pour thème l'utilisation d'une technologie pour s'adapter au climat.

Réalisation

Rédige ton scénario.

Présente ton sketch à la classe et amuse-toi.

Évaluation

Remplis la grille d'évaluation prévue à cet effet.

Intégration

Certains sketches ont-ils fait ressortir les effets négatifs de certaines technologies sur l'environnement?

Et toi, quelles technologies utilises-tu pour t'adapter au climat?

Ces technologies respectent-elles l'environnement?

Retour à la tâche

Là où elle existe, la vie s'adapte au climat.
Mais y a-t-il de la vie partout sur la terre?
En a-t-il toujours été ainsi?

Activité d'apprentissage 3
La vie sur terre

Les espèces vivantes sont-elles distribuées également sur la surface de la Terre?

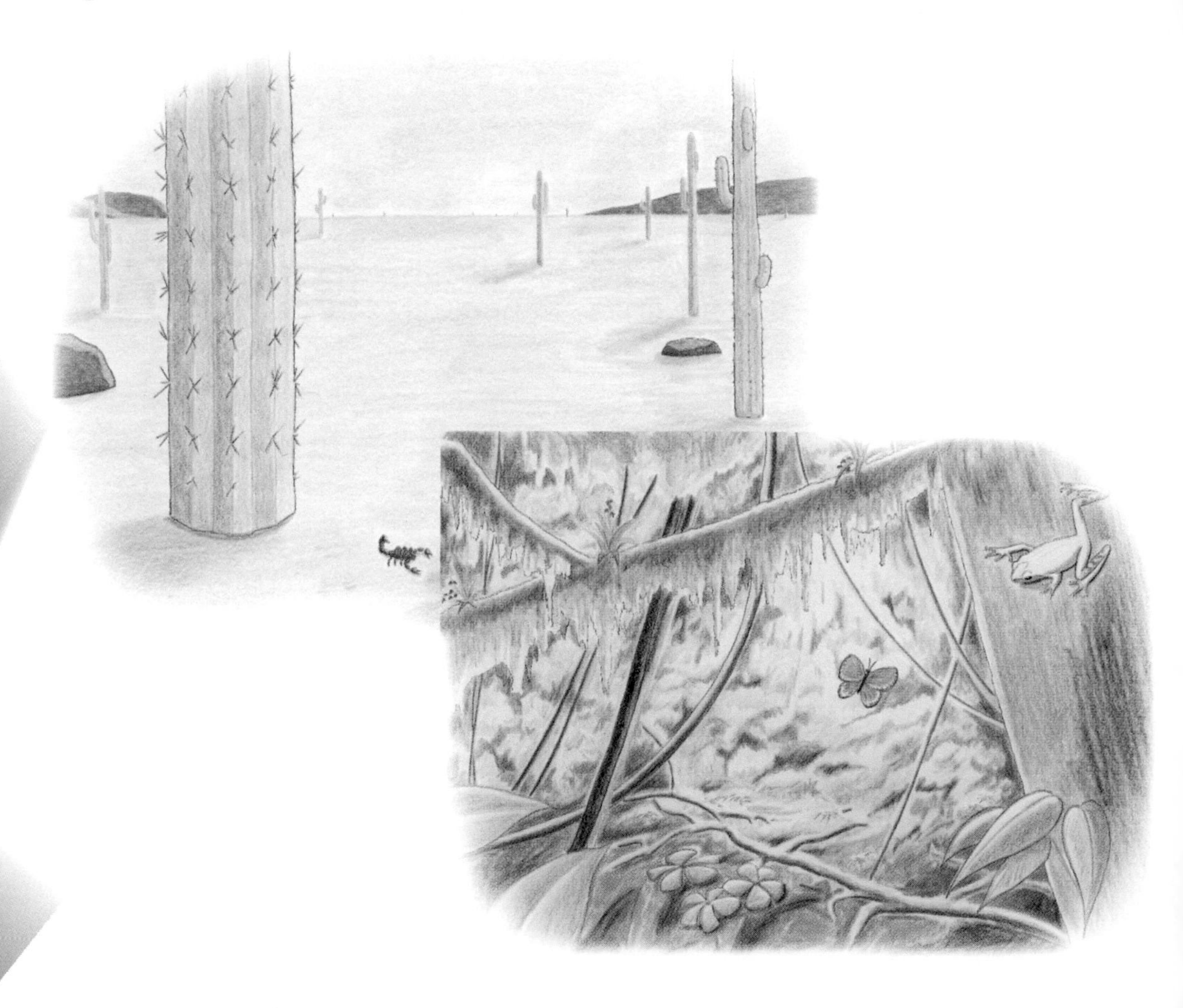

Ressources matérielles

Préparation

Quelles sont les régions de la Terre les plus propices au développement de la vie?

Réalisation

Effectue une recherche sur la distribution de la vie surla Terre.

Fais un lien entre la diversité des êtres vivants d'une région et le climat.

Intégration

Les formes de vie que tu connais ont-elles toujours existé?

Précise ta réponse.

Donne des exemples.

Compare tes réponses à celles des autres équipes.

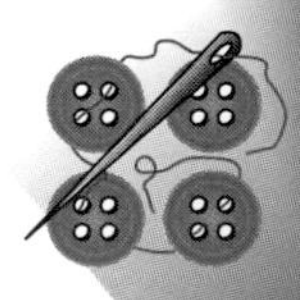

Mettez les réponses de toute la classe en commun.

Construisez un globe terrestre. Indiquez-y les régions climatiques et placez-y les différentes formes de vie que vous avez identifiées.

Effectue une recherche sur l'évolution de la vie depuis qu'elle est apparue sur la Terre.

Compare les espèces qui vivaient au temps des dinosaures et celles qu'on retrouve aujourd'hui.

Un humain a-t-il déjà été poursuivi par un dinosaure?

Précise ta réponse.

Évaluation

Complète la grille que te remettra ton enseignant ou ton enseignante.

Réinvestissement

Les extraterrestres existent-ils?

Il y a des milliards d'étoiles.
Notre Soleil en est une.

Autour de plusieurs de ces étoiles, il y a des planètes dont certaines peut-être ressemblent à la nôtre.

Se peut-il que la vie soit apparue et se soit développée ailleurs que sur la Terre?

Qu'en penses-tu?

Organisez un débat sur ce sujet.

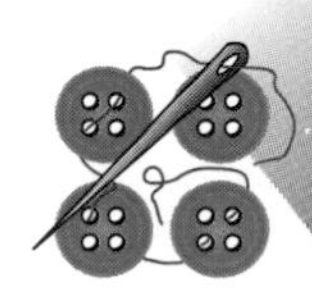

Réflexions sur le thème 3

Dans les deux tâches de ce thème, on t'a proposé de développer la compétence transversale *Communiquer de façon appropriée.*

Montre que tu as développé cette compétence en donnant des exemples tirés de ton journal de bord.

Annexes

Grandeurs physiques, unités et symboles

Grandeur	Symbole	Unité(s)	Symbole(s)
Temps	*t*	seconde minute heure	s min h
Distance	*d*	mètre kilomètre	m km
Longueur	*l*	mètre centimètre millimètre	m cm mm
Volume	*V*	mètre cube centimètre cube litre centilitre millilitre	m^3 cm^3 L cL mL

Grandeur	Symbole	Unité(s)	Symbole(s)
Vitesse	*v*	mètre par seconde kilomètre par heure	m/s km/h
Masse	*m*	kilogramme gramme	kg g
Densité	*d*[1]	-	-
Fréquence de rotation	*f*	tours par minute	t/min
Force	*F*	newton	N
Énergie	*E*	joule	J

1. La densité n'a pas d'unité puisque c'est un rapport, une comparaison entre deux valeurs.

Les planètes du système solaire

Soleil

Mercure

Vénus

Terre

Mars

Jupiter

Saturne

Uranus

Neptune

Pluton

Voici quelques caractéristiques des neuf planètes de notre système solaire.

Nom[1] de la planète	Diamètre relatif à l'équateur (Terre = 1)	Masse relative approximative (Terre = 1)	Distance relative moyenne du Soleil (Terre = 1)	Durée de l'année (jours)
Mercure	4/10	6/100	4/10	88
Vénus	9/10	8/10	7/10	225
Terre	1	1	1	365
Mars	1/2	1/10	1 1/2	687
Jupiter	11	300	5	4333
Saturne	9	100	10	10 759
Uranus	4	15	19	30 685
Neptune	4	17	30	60 191
Pluton	2/10	2/1000	39	90 465

1. Un moyen de se rappeler l'ordre des planètes, mémorise la phrase suivante:
Mon Vieux, Tu M'a Jeté Sur Une Nouvelle Planète.

Stratégies d'apprentissage

	Je me rappelle ce que je sais. Je me rappelle comment je réalise ce type de tâche.

	J'identifie des caractéristiques communes. Je propose des catégories. Je prends connaissance des catégories existantes. J'organise selon les catégories.

	Je suis tolérant ou tolérante envers les autres. Je collabore à établir des règles de fonctionnement. Je demande de l'aide à un équipier ou une équipière. J'aide un équipier ou une équipière qui a de la difficulté. Je collabore à planifier le travail en équipe. J'accepte mon rôle. J'écoute le point de vue des autres. Je reconnais le travail des autres.

	J'identifie une problématique. J'énonce une proposition de solution. Je planifie mon expérience. Je rassemble le matériel. Je réalise l'expérience. Je note mes résultats. J'évalue mes résultats.

	J'identifie ce que je pense être essentiel. J'imagine une façon plus simple de le représenter. Je construis mon modèle (dessin, plan, maquette). Je vérifie mon modèle.

	J'identifie les raisons pour agir. J'évalue mes chances de succès. J'agis. Je fournis un effort. Je persiste jusqu'à la fin. Je réalise que cela me sera utile.

	Je regarde avec attention. Je me sers de mes sens pour identifier des caractéristiques. J'identifie celles qui se rapportent à la problématique.

	Je me fais un plan. Je fais des liens entre les mots-clés. J'ordonne mes idées. Je divise l'information en morceaux. Je replace mes idées dans ma mémoire.

J'accepte de recevoir de l'information sur un sujet donné.
J'accepte de m'impliquer même si je ne sais pas encore exactement comment le faire.
J'adopte une attitude positive.

Régulation et évaluation

J'identifie les stratégies que j'ai utilisées.
J'identifie les compétences que j'ai développées.
J'explique une démarche.
Je juge si j'ai bien ou mal travaillé.

Je me demande: (objectivation)	ce que j'ai appris, comment je l'ai appris, ce que j'ai trouvé facile, ce que j'ai trouvé difficile, ce que j'ai aimé, ce que je n'ai pas aimé.
Je me demande: (autoévaluation)	ce que j'ai réussi, ce que je n'ai pas réussi, quelles erreurs je dois corriger, ce que je dois faire pour corriger mes erreurs.

Je procède à une collecte d'informations.
Je m'assure d'avoir tous les documents et tous les outils dont j'ai besoin.
Je les identifie.

Grilles d'évaluation

1. Grille de l'ordre cognitif et métacognitif

Quand je débute un travail, je me fais un plan.
Je fais un dessin pour m'aider (association d'un mot à une image).
Lorsque j'apprends quelque chose de nouveau, je réorganise mes idées dans ma mémoire.
Je répète dans ma tête ce que je veux apprendre.
Je prends le temps de me poser des questions lorsque je résous un problème.
Je nomme ou j'écris les étapes de ma procédure.

2. Grille de l'ordre affectif

J'accepte le point de vue des autres.
J'adopte une attitude positive face à mes camarades.
Je m'engage avec intérêt dans le travail à réaliser.
Je demande de l'aide si j'éprouve de la difficulté.
J'accepte le rôle qui m'est assigné dans l'équipe.
Je reconnais mes torts, s'il y a lieu.

Glossaire

Aigu — Se dit d'un son produit par une vibration de haute fréquence.

Ambre — Résine fossile provenant de conifères.

Antihoraire — Mouvement circulaire dans le sens inverse des aiguilles d'une montre.

Atmosphère terrestre — Couche d'air qui enveloppe la Terre.

Biosphère — Ensemble des organismes vivants de notre planète.

Chaîne alimentaire — L'énergie emmagasinée par les plantes se transfère d'un organisme à l'autre, chacun se nourrissant de l'organisme précédent.

Charge électrique — Surplus ou manque d'électrons.

Consommateur — Dans une chaîne alimentaire, organisme qui se nourrit de l'échelon inférieur.

Consommation — Utilisation d'un aliment, d'un produit.

Cycle — Suite de phénomènes qui se renouvellent toujours dans le même ordre.

Décomposeur	Organisme se nourrissant essentiellement de matière organique morte, végétale ou animale.
Eau potable	Eau bonne à la consommation humaine.
Éclair	Éclat de lumière qui accompagne la foudre.
Écosystème	Réseau d'interactions entre les organismes vivants d'une région et leur environnement.
Électricité statique	Ensemble des phénomènes reliés à la présence de charges électriques au repos.
Électron	Petite particule d'un atome ayant une charge électrique négative.
Électroscope	Appareil servant à détecter la présence d'une charge électrique.
Énergie	Ce qui permet à un système de fonctionner. Capacité d'effectuer un travail.
Engrenage	Mécanisme formé de roues dentées en contact.
État	Aspect physique sous lequel peut se présenter la matière: solide, liquide, gazeux, plasma.

Faune	Ensemble des animaux d'une région.
Flore	Ensemble des plantes d'une région.
Force	Toute cause capable de déformer un objet ou de le déplacer.
Foudre	Décharge électrique entre deux nuages ou entre un nuage et la Terre.
Fréquence	Nombre de vibrations dans une seconde. Symbole: *f*
Fréquence de rotation	Nombre de tours qu'un objet en rotation effectue pendant un certain temps. Symbole: *f* Unité: tour par minute
Grave	Se dit d'un son produit par une vibration de basse fréquence.
Horaire	Mouvement circulaire dans le sens des aiguilles d'une montre.
Maillon	Anneau d'une chaîne. Élément d'une chaîne alimentaire.
Masse	Mesure de la quantité de matière qui constitue un corps. On mesure la masse d'un objet à l'aide d'une balance et on l'exprime en kilogrammes ou en grammes.

Organisme — Tout ensemble organisé, vivant ou non vivant, ayant une structure définie.

Points cardinaux — Les quatre points de repère permettant de s'orienter: nord, sud, est, ouest.

Producteur — Dans une chaîne alimentaire, organisme qui sert de nourriture à l'échelon supérieur.

Propriété — Qualité particulière à un objet ou à un ensemble.

Science — Ensemble des connaissances propres à un domaine particulier.

Son — Effet d'un vibration perceptible par l'oreille humaine.

Technologie — Ensemble des savoirs et des activités permettant de concevoir et de réaliser des objets.

Tonnerre — Bruit qui accompagne la foudre.

Ultrason — Vibration de même nature que le son mais dont la fréquence est trop élevée pour que l'oreille humaine puisse la percevoir.

Vitesse — Distance parcourue pendant un certain temps. Symbole: *v*
Unité: m/s ou km/h

Index